一个法国老人的中国故事

——法籍专家让·德·米里拜尔

邓志辉　王军哲◎主编

Histoire chinoise d'un Français

人民出版社

目　录

序　言

Se souvenir de Jean de Miribel, c'est admirer avec humilité une vie guidée par la passion et animée par la force de caractère. En France, il n'a cessé de consacrer son temps et son énergie à l'assistance des plus démunis, y compris lorsque la nation française fut mise à l'épreuve de l'occupation étrangère. Tous ceux qui ont croisé son chemin ont vu en lui un homme attaché à la dignité humaine et dédié corps et âme au service de son prochain.

Puis vint la Chine. Jean de Miribel arriva à Xi'an en septembre 1976, au crépuscule de la « Révolution culturelle », un moment où les étrangers étaient encore rares. Il s'engagea alors avec ferveur dans la rédaction d'une thèse intitulée « l'Administration provinciale et les fonctionnaires civils au temps des Ming – étude de la Province du Shaanxi et de la Préfecture de Xi'an », qui aboutit après 10 années d'efforts. Au-delà de cette tâche d'érudit qu'il poursuivit comme professeur à l'Université des Etudes Internationales de Xi'an (Shaanxi), il consacra son temps à éveiller chez les jeunes chinois le désir de France, le désir de comprendre notre pays, de découvrir notre culture et d'apprendre notre langue.

Ce passionné de Chine, pays dans lequel il résida près de 40 ans, rejoint désormais les figures historiques ayant contribué au dialogue et aux échanges entre les cultures européennes et la culture chinoise. Comme d'illustres prédécesseurs, il a donné l'exemple. Jean de Miribel a montré que, même dans les situations les plus difficiles, le dialogue des cultures peut se poursuivre en donnant une chance à la jeunesse de s'ouvrir au monde. Cet humanisme restera associé à l'avenir à son nom, en France comme en Chine.

M. Maurice GOURDAULT – MONTAGNE
Ambassadeur de France en Chine

回忆起让·德·米里拜尔，谦恭之心油然而生，不由赞赏他充满激情、极富个性的一生。在法国，他一直将自己的时间和精力奉献在救助穷人的事业上，即使在法国民族经受外敌侵占的考验时也未曾间断。所有与让有过交集的人都曾在他身上看到一位心系人类尊严、为服务邻舍而奉献全身心的智者。

之后就是中国。1976 年 9 月，时值"文化大革命"末期，让·德·米里拜尔到达西安。那时外国人还很少。他开始满怀热情地撰写题为《明代地方官吏及文官制度——关于陕西和西安府的研究》的博士论文，并为此历尽 10 年的努力。让除了在位于陕西的西安外国语大学任教之外，还奉献了自己的时间来激发中国年轻人前往法国、了解我们的国家、发现我们的文化、学习我们的语言。

这位中国迷在中国居住了近 40 年。他如今成为促进欧洲与中国文化对话与交流的历史人物之一。正如那些杰出的前辈一样，让作出了榜样。让·德·米里拜尔曾表明即使在最困难的情况下，文化对话亦能为年轻人提供面向世界的机遇。无论在中国还是在法国，这种人文精神将与他的名字永世长存。

法国驻华大使顾山

2016 年 8 月 10 日

引　言
一个法国人的中国梦

　　古城西安南郊，西安外国语大学雁塔校区，在一片葱绿的青草地上，横卧着一块用黑色大理石砌成的纪念碑，纪念碑的正中镌刻着陕西省原省长程安东手书的"耕耘友谊"四个大字，碑的右上方镶嵌着一位法国老人的头像。他就是中法文化交流的使者、把整个后半生都奉献给了中国的法国专家——让·德·米里拜尔。

　　说起让·德·米里拜尔，我们不得不把目光转移到遥远的西方——法兰西共和国的首都巴黎。这个已有1400多年建都史的世界历史名城，位于法国北部巴黎盆地的中央，美丽的塞纳河蜿蜒穿城而过，它不仅是法国，也是西欧的一个政治、经济和文化中心。巴黎又是世界公认的文化之都和欧洲启蒙思想运动的中心，埃菲尔铁塔、凯旋门、卢浮宫、巴黎圣母院等众多驰名世界的标志性建筑点缀其中，伏尔泰、卢梭、雨果、巴尔扎克、罗丹等影响世界的大思想家、大作家、大艺术家都曾在这里生活和创作过。巴黎还是著名的世界艺术之都，是印象派美术发源地、芭蕾舞的诞生地和电影的故乡，也是现代奥林匹克精神的创始地。1919年8月5日，让·德·米里拜尔就出生在这座伟大的城市。

茫茫宇宙，芸芸众星。作为太阳系的星体之一，地球是那么渺小，又是那么浩瀚，是那样地无声无息，却又蕴藏着巨大的能量，遵循自己的轨迹昼夜运行，寒来暑往永无停息。生活在这一星球上的人类，也以自己的智慧，创造着丰富多彩的文明和文化。当然，人类毕竟是有各种欲望的，曾经有人想仰仗武力成为东西半球的征服者，也有人想凭借某种强权成为整个地球的主宰者；可是小小的地球毕竟是人类共同的家园，各国人民更爱好和平，更珍视友谊，更期盼和睦相处，向往充满爱心的大同世界。于是，无论东方还是西方，不同民族或国家，在不同时代，不同地域，都会有人为实现人类的这一美好愿望而尽其所能，奉献自身，为东西方人民的友谊铺路架桥，成为东西方文明和文化的使者。让·德·米里拜尔就是这样一位为中法两国和人民的友谊而奋斗了后半生的献身者。

让·德·米里拜尔有着不一般的身世和经历。他出身于贵族之家，祖父是一战时期法国空军的缔造者之一，父亲也是一战时法国空军的飞行员，他的表姐曾任戴高乐将军的机要秘书。学生时代的让，与母亲一直住在巴黎第十三区的一栋临街单体祖居里，像所有欧式建筑一样，他们家的大门很是气派。就在这十三区里，有享誉整个法国的巴黎三个华人区之一，也是巴黎最早和最大的华人聚居地。周恩来早期在法国勤工俭学时，就曾住在同处巴黎十三区的"意大利广场"附近戈德弗鲁瓦街的一家不起眼的"海王星旅馆"。也是在这个区，他和同事们创办了旅欧中国少年共产党党部和理论刊物《赤光》编辑部。李富春、邓小平等老一辈革命家都先后在这里从事过政治活动。

　　让·德·米里拜尔前半生的经历颇为曲折坎坷。他少年时期先后在巴黎蒙田中学和路易大帝中学就读，1939 年 1 月在格勒诺贝尔市读大学，获得历史学学士学位。1940 年 4 月，在勒哈弗尔军营入伍，后在丰特奈勒孔特军官学校就读，当时正值第二次世界大战时期，作为士兵，让曾被俘，获释后于 1942 年 9 月退伍。据他的法国朋友皮埃尔·雷纳回忆说，让·德·米里拜尔年轻时，也曾经在巴黎十三区当过工人，他在那里日复一日地一边印刷贺年卡上的金边，一边耐心地聆听不断前来的工友们倾诉对生活的希望，这样的经历曾深深打动过他。他还曾到东比利牛斯山从事过捕鱼，后在蒙特尔一家公司组装电视等。第二次世界大战结束后，他选择游历世界，前往不同国家，学习各国语言，广泛接触并了解世界各国人民的信仰和生活情况。让刚到中国时曾经告诉过他的中国朋友，他在中学时期就有一个梦想，就是走遍全球，而他最向往和梦寐以求的国家在遥远的东方——神秘而伟大的中国。为此，他在巴西工作多年后，于 1969 年 3 月 15 日来到中国香港。香港的语言环境，促使他一边学习粤语，一边在新亚洲学校学习普通话和中国文化，并一直耐心地等待着能够踏上中国大陆的时机。1975年法国驻香港领事馆告知让有可能前往上海任教，后来不知什么原因，这次并未能够成行。

上天总是会眷顾有信念和意志坚定的人。冥冥之中，让·德·米里拜尔似乎就是为来中国而生的。1976年7月，已经57岁的他终于等到了机会。作为一个法国历史学者，他先是获准到北京、大连、青岛、上海等地参观访问。这次中国之行恰逢唐山大地震，这场大地震给中国百姓造成的苦难在他心里留下了深刻的烙印。当年9月，中国人民的伟大领袖毛泽东不幸逝世，全国人民处在巨大的悲恸之中。受中国政府邀请，他有幸与法国驻华大使一起在北京参加了毛泽东的遗体告别仪式，这一特殊的历史事件，不能不对这位年近花甲的法国学者产生巨大的影响。当然，作为一个法国人，能够和本国的驻华大使一块受邀参加毛泽东这样一位具有世界影响的伟人的吊唁仪式，这件事情本身就说明了让·德·米里拜尔的身份亦非同小可。他在那一刻，就已经成为法国政府派往中国进行中法文化交流的使者。

参加完毛泽东的追悼会后，按照中法文化交流协定，他作为来华工作专家，可以选择留在中国首都北京或去大城市上海工作。这两个城市一直是中国物质条件最好的城市。然而他却毅然决然地选择了条件比较艰苦、地处中国大西北的古城西安。作出这样的选择，充分表现出他的智慧以及作为历史学者的目光和远见。西安，古称长安，是华夏文明的发源地，举世闻名的世界四大文明古都之一，其建城史已有 3100 多年，它坐落在陕西关中盆地中央，南依巍巍秦岭，北临滔滔渭水，历史上周、秦、汉、唐等 13 个王朝在此建都，著名的古丝绸之路的起点就在这里。历史遗迹遍布西安，旧石器时代的蓝田猿人、新石器时代的先民村落半坡村、秦始皇陵、秦兵马俑、唐骊山华清宫、大小雁塔、明城墙、碑林博物馆……这些就像一部活的史书，一幕幕、一页页，记录着中华民族的沧桑巨变。"一座城市的历史就是一个民族的历史"。古城西安的历史和文化像一块巨大的磁铁，紧紧地吸引着这位来自西方的历史学者。

于是，按照中法文化交流协定，让·德·米里拜尔由中国教育部派到西安外国语学院（现更名为西安外国语大学）从事法语教学工作，同时学习研究中国历史和文化。由此开始，他扎根西安，安身立命，和西外的师生、和西安的普通百姓工作生活在一起，直至 96 岁高龄故去，最后魂安西外，把自己近 40 年的后半生都奉献给了这里。

第一章

西外来了个法国专家

　　1976 年 9 月，古城西安和全中国一样，"文革"的阴霾尚未消散，大街小巷随处可见的标语，诉说着一个特殊年代的动荡与不安，各处随意搭建的凌乱的防震棚，也显示着波及西安的唐山大地震余威未尽。天灾人祸，给中国人民带来了深重的苦难。人们急切地盼望这种苦日子赶快结束。在这样的背景下，让·德·米里拜尔于 9 月 21 日乘飞机来到了西安，他成为中国西北地区唯一的外语类高校——西安外国语学院建校以来的首位外籍专家。在机场和学院，他受到学院领导和师生的热烈欢迎。

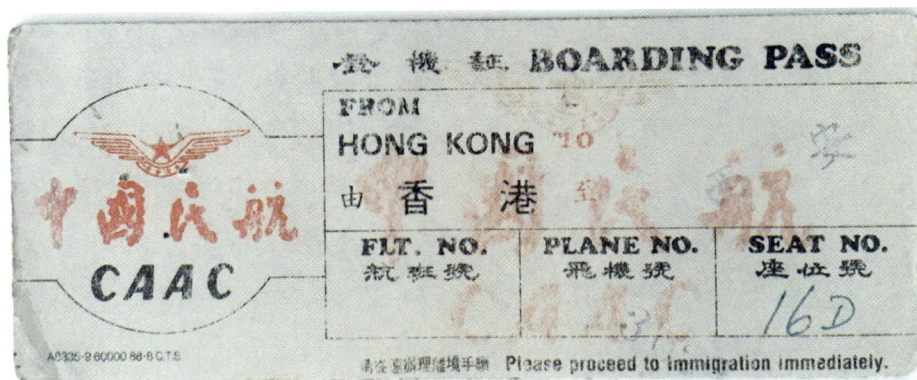

1976 年 9 月，让从香港到西安的登机牌

3

天作孽，犹可违；自作孽，不可活。1976 年 10 月 6 日，"四人帮"反党集团被粉碎的消息迅速传遍了全国。中国人民欢欣鼓舞，广大群众敲锣打鼓上街庆祝游行。西安街头，人们发现在西安外国语学院的游行队伍中有一个高个子的外国人，由于好奇与正义，让很快了解了关于"四人帮"的有关情况。他和中国人一样挥舞着彩色小旗，和大家一样高呼口号，情绪是那样兴奋激昂，完全和欢腾的人群融为一体。他就是来西安外国语学院任教的法国专家让·德·米里拜尔。从这时起，他就把自己融入这个古老的东方文明古国，并与之建立了深厚感情。

1. 执教德法西语系

在古城西安，西安外国语学院被人们习惯性地简称为"西外"。学校创建于 1951 年，其前身是西北俄文专科学校，1958 年更名为西安外国语学院（2006 年更名为西安外国语大学）。它坐落在古城南郊，附近有隋唐圜丘遗址和曲江池遗址等著名历史文化景观，与玄奘当年主持译经的大慈恩寺咫尺相望，站在校园里即能望见巍峨的大雁塔。这里高校林立，当时的西外规模虽然不大，但它是新中国最早建立的 4 所外语院校之一，一直受到党和国家的高度重视，至 20 世纪 70 年代末，已发展成为一所多语种并重的外语类知名院校，为国家的发展输送了大量人才。

学校的法语专业设立于1959年，1960年开始招收本科生，专业发展很快。但是好景不长，1966年"文革"爆发，法语专业和整个学校一样停止招生，在校的学生罢课闹革命，课堂教学几乎陷于瘫痪。直至"文革"后期，学校才开始在工农兵当中招收学员。

20世纪70年代的中国大陆，国门尚未打开，即便是在西安这样的大都市，平时街道上也难得遇见一位金发碧眼的外国人。在当时西安的各个高校，外籍专家可谓凤毛麟角，即使是西安外国语学院，全校的外籍教师加起来也不足10人。作为唯一的法语外教，让·德·米里拜尔的到来自然给这所学校增添了不少生机与活力，特别是对刚刚恢复的法语专业来说就像雪中送炭。他以极大的热情，全身心地投入法语专业的重建和教学工作中去，很快就和系里的师生们打成一片，他的办公室经常访客络绎不绝，来

1979年，让在西外校园里

访的教师和学生向他请教各种各样的问题，大家格外地喜欢这位高个子、大鼻子的洋教授，都亲切地叫他"让"。

作为法国文教专家，让的工作除承担一些法语基础课外，主要面向法语专业学生开设法语听力、法语语法学、法国历史文化、法国文学选读、法国文学史等讲座性质的课程。在他的遗物中，还保存着当年用过的讲义和备课卡片。可以看出，他的讲义准备得十分认真，从教学目标、教学内容到教学中的问题设计、师生问答等环节，均一丝不苟、井井有条地写在讲义册上。为了让学生上课时看得更加清楚，他在板书时有意使用印刷体而不用手写体，工工整整的字体使学生一目了然。许多年之后，很多学生还能回忆起让当年上课的情景：一位个子高大的法国人，头顶微秃，高鼻子，脸上总是带着真诚的微笑，语速舒缓，动作优雅，用词简单明了，而讲义精湛、道理深刻。

让的教学理念和方法与其他老师不同，他既重视学生语言能力的培养，更善于用他广博的学识引导学生学习法国的历史和文化。现任中国对外友好协会副会长的户思社，1981年在西外法语专业读大三时，选修让的法国文学选读课。他回忆道："让对法国历史和文学精湛的讲解深深影响了我，我明白了学法语不仅是掌握语言技能，更是一种人文科学的学习和研究。"在让的学术思想影响下，户思社毕业后留学巴黎专门攻读法国文学，获得文学博士学位。后来他在担任西安外国语大学校长时，依然把这种人文科学的精神贯彻到学校的学科建设中去，极大地提升了西外的内涵品质。

作为外籍专家，让总是根据学生的不同特长因材施教，并以自己的方式潜移默化地引导着学生的学习。他经常耐心地鼓励学生要有自己的学习兴趣，不愿以考试作为衡量学生的唯一手段，每学期末课程结束后，他从来不专门组织考试，有学生不解地问他，他总是谦逊地告诉学生："你们都很优秀，我没有资格考你们。"其实，让获得学生尊重的原因，除了他的循循善诱与乐于助人，还有他渊博的学识和对教育独到的理解。

当每届学生临近毕业时，让总会把他们一一请到自己办公室，和颜悦色地与每一位同学单独聊十分钟，听听他们读书的心得体会以及对法国历史、文化、文学的看法。今天看来，这种春风化雨式的言传身教，自有其"润物细无声"的妙处。影响所及，甚至在让的一些学生、朋友身上，至今可以看到法兰西式的优雅、从容与谦逊。

虽然平时待学生非常宽厚，但在一些重要的原则性事情上，让却体现出严肃、审慎的一面。有一次，让的学生刘春晖申请到法国留学，受法方学校委托，让任法语水平考试监考。考试中，让的认真、一丝不苟给刘春晖留下了十分深刻的印象。20多年后，当刘春晖回忆这件往事时，还略带自责地说："我本来还有'作弊'之念，后来想想实在是亵渎了让的为人。"让对待工作的这种认真和负责，留在许多人的记忆深处。曾在西安外国语学院外事处工作的蒋筱敏，在回忆让时也深有感触地说："从他那里我慢慢地感觉到让虽然是法国人，但在他身上一点也找不到法国人的浪漫和随意，更多的是一位法兰西文化人对事情的认真和执着，他使我进一步体会到什么是真正的法兰西精神，就是浪漫与认真的结合，艺术与和谐的统一。"

让的智慧和博学，很快赢得了学生的广泛赞誉和尊重，他的课吸引着外语学院众多学子，就连许多外系的学生也慕名前来一睹让的风采。曾在西外德语专业就读的贾振范回忆："我认识让老缘于1978年西外德法西语系的新生见面会。法语专业学生雷鸣般的掌声和笑声吸引我去旁听这位法国专家激情澎湃的演讲。虽然我听不懂任何一个法语句子，但那氛围足以使我感受到这位博学长者的慈祥、机智、幽默、人格魅力以及法兰西语言在他口中那种优美的旋律感。"

作为法语外教老师，让在教学中十分重视培养学生的语感，启发学生重视平常生活语言的运用。这一点深深影响着他的学生们。黄传根是改革高考制度后西外法语专业第一届学生，他修过让的法语语法课程，毕业后留校任教。在让的影响和帮助下，他到法国里昂一所大学攻读法语教学法，回国后长期致力于教学法研究。2015年，他花费多年心血完成了《现代法语应用语法》一书，并和商务印书馆签订了出版合同。作为曾受让老师栽培的学生，他原本期盼这本书能在老师有生之年呈献给他。遗憾的是书还未出版，老人就离开了这个世界，这无法实现的心愿，成了黄传根心中永远的痛。

2. 为法语专业建设竭尽所能

让来到西外任教时，恰逢"文革"结束、百废待兴之际。十年浩劫给国家的教育事业造成无法估量的损失，外语教育在这场灾难中更是重灾区。当时法语系教学资料和电教器材匮乏，没有法语原版报纸杂志，师生很少能读到法语原文作品，更看不到法语原版电影，甚至连法语教学科研所必需的基本工具书都没有，更不用说与国外院校的合作交流。

这些困难，让一一铭记在心。他想尽一切办法，疏通各种渠道，一件一件帮学校解决。他首先通过法国驻华使馆不断给系里提供一些教学科研急需的图书和资料，帮助建立法语资料室，还给系里订阅了法国《世界报》。让还利用去香港的机会，用自己有限的工资买了几十台当时非常珍贵的录音机，加强了系里的电化教学，有效地提高了外语学院师生的听说水平。每年回法国探亲，让都会专门采购不少教学科研所急需的图书、资料。这一切都是让自己花钱，无偿赠送给学校。

原西安外国语学院副院长沈友泰教授曾经这样说道："让与中国人民共同经历过最困难的时期，他在大家还在看样板戏的年代就把原版外语大片传递给了西外的法语老师和学生们。"20世纪80年代初走过来的西外人都知道，那个时候的文化娱乐活动很贫乏，只有每个周六的晚上，学校在礼堂前的空地上放映电影才是一种难得的视觉艺术享受。当时观看电影的多数观众可能并不知晓，他们看到的许多原版外语电影，如《茶花女》《三个火枪手》《巴黎圣母院》《悲惨世界》《红与黑》《巴尔马修道院》等世界经典影片，都是让特意从法国使馆那里借来的。放映

1990年圣诞节，让和年轻朋友在一起

1992年10月，让与学生在一起参加西外校庆

1992 年，让与王力群、李建国、刘春晖等陪同友人游览乾陵

1993 年 6 月，让和郁武、朱祖华全家
合影

1994 年，让和朋友在西安外国语学院专家楼家中

的时候，老师手执话筒在荧幕下方担任同声翻译，观众在荧幕前方看得津津有味，天空群星璀璨，地上人头攒动。尽管老师的翻译有时跟不上字幕，但大家依然寂静地沉浸在影片所叙述的故事里。每当此时，让往往站在观众的后面，和在场的师生一起静静观看；他的脸上，依然是法兰西式的微笑，优雅而从容。与外院一墙之隔的陕西师范大学，也时常有学生跑到外语学院看国外电影，现任教于西安外国语大学的张保宁教授，就是当时跑到外语学院"蹭"电影的陕西师大学生之一，每每说起当年的情景，他都能脱口说出在西外看过的法国直译影片的名字。据当年在德语专业学习的任战锋后来回忆，一天晚上，大家看得兴致正高，突然天降大雾，虽然电影画面已朦胧不清，但观众依然不忍离去，仍旧兴致勃勃地"听"完这场电影。

作为一位游历过许多国家、有着世界视野的联合国文教专家，让深深体会到，要从根本上提高中国高校的教学水平，一定要给教师创造出国进修、交流的机会。对于外语院校的教师而言，这一点尤其重要。然而，对20世纪80年代初的西外来说，要做到这一点谈何容易，无论出国的机会还是经费，都困难重重。让却一直为此事而着急，他想到了和国外院校进行校际交流这个途径。今天，跨国界的校际交流已成为中国高校的重要举措，国内多数高校已经和国外院校建立起了合作关系，不过在改革开放的初期，让的这一想法可以称得上大胆。在学校领导的支持下，让与国外院校反复沟通，争取合作的机会。1980 年，他首先通过自己的老朋友、法国鲁迅研究专家鲁阿夫人和巴黎第八大学取得联系，两所大学率先建立了校际合作关系。在当时，西外的这一举措走在了国内同行的前列。这一年暑假，高教部组织全国 10 所外语院系代表赴法国考察，西外的领导委托时任德法西语系主任的王克坚出访巴黎，在让的多方帮助下西外和巴黎第八大学签订了两校校际交流协议。行前，王克坚去高教部办理手续时，高教部的同志称赞说："你们是全国第六所建立国际交流关系的学校，你们真幸运！"

协议签订后，经学校同意，王克坚被巴黎第八大学聘为客座教授，留在该校中文系任教。作为交换，巴黎第八大学政治经济系主任万桑·维达尔教授被西安外国语学院聘为专家来华执教。在巴黎第八大学工作期间，经让的介绍，王克坚认识了日内瓦大学中文系主任毕来德教授等瑞士朋友，还代表西外与该校达成了建立校际关系的协议，后来又和洛桑大学达成了同样的意向。

多年来，借助让所建立的交流关系，西安外国语学院向上述国外院校派出了十多位教师进修，大大提高了本校法语系的师资水平和教学质量。可以毫不夸张地说，让为西外法语专业的发展作出了开拓性的贡献。

除给学生开课外，让还尽自己的努力，花时间给教师上进修课，并开设各种知识讲座，帮助教师提高水平。受到让帮助的，还有法语系资料室梁家林老师。差不多每次返回法国前，让总要找到梁家林，问他有没有需要代办的事？要不要帮他买书？有一段时间，梁家林在翻译美国作家 Hugh Lofting 的作品，想把他的全部著作译完，可是原著国内不够。正好让又要返回法国，照例又来问梁家林。梁家林便抄了所需的书名给他。暑假结束后，让从法国回来，给梁家林送来一本厚厚的书。梁家林接过一看，却是一本不相干的《毛姆短篇小说集》。梁家林不解，让解释说："我是托了一位作家朋友给你买的书。她说，你要的那本，没有毛姆的名气大，要在中国翻译，毛姆更有名啊。"梁家林只好跟让解释："毛姆是诺贝尔奖得主，太有名了，国内翻译他的书，轮不上我。我选的，适合我呀。"让点点头，甚至露出一点不好意思的表情，摆摆手走了。一晃就是一年，让又回到法国，返回中国时，竟真的把梁家林要的那本 Hugh Lofting 的作品带回来了。过了几年，梁家林终于把 Hugh Lofting 的全集译了出来，其中包括让带回的那部作品。而今，梁家林已经是国内颇有名气的翻译家了。

让在西外执教一干就是 8 年。1984 年 7 月，让合同期满退休。经向教育部提出申请后，他继续留在西安，仍居住在西外雁塔校区，开始投入学术研究。在西外原图书馆馆长陆栋、法语教授郭太初、西安友谊医院孙镇蛟、西安医学院马西等朋友的帮助下，让先后完成了《中国明代地方文官制度》《简明中医学》《传染病与中国古代社会》《中国智慧——另一种文化》等著作。

1995 年 5 月 5 日，西安外国语学院为感谢让对学院法语专业的教学和建设以及对中法文化交流事业所作的贡献，特别聘请让为终身名誉教授。在聘请仪式上，让热情洋溢地发表了演讲：

尊敬的孙天义院长、朋友们：

我十分荣幸并高兴得到西安外国语学院授予我终身名誉教授的光荣。我十分感谢孙天义院长，感谢张风海书记，感谢所有帮助过我的教师们、朋友们。我深感，这个荣誉的真正价值就在于它标志了一种深厚的友谊，一种久经时间锤炼的友谊。

我很有幸选择了西外作为我后半生工作、生活的地方。18 年来，我亲眼目睹外语学院巨大的变化，中国巨大的变化。我可以说，我是中国改革、进步、发展的见证人。如果说，25 年前，中国是第三世界的代表，领导着第三世界的发展潮流，那么，再过 25 年，我预感中国会领导世界，在世界生活中发挥越来越重要的作用。

在西安外院，由于各位领导人和朋友的支持帮助，我做了一些法中文化交流工作。我发现在西安外院有着

1995 年 5 月，让和西外领导在一起

1995 年 5 月 5 日，西安外院院长钟歧青向让颁发终身名誉教授聘书

许多法中文化交流的条件和机会。所有来到西安旅游并到过外语学院的法国人都深受中国文化的影响，他们都满意地觉得不虚此行。

西安外国语学院聘任让为终身名誉教授

我真的很有运气。应该说，我在西安一半是教师，一半是学生，能不间断地学习、了解这样伟大、丰富、悠

2010年夏，让与张小会、张弛、刘春晖在一起

久的文明，能在中华文化的摇篮里工作、生活，这在今天世界上能有多少人呢？

……

我要利用今天仪式的机会，向朋友们，法语系的老师们，特别是孙天义院长表示我衷心的感谢，感谢你们18年来对我的帮助、照顾和信任！中国有句老话：友谊长青。愿我们的友谊天长地久！

第二章
专心研究中国文化

Laozi 老子 , the philosopher

According to tradition, Laozi was born in 570 B. C.
While in charge of the imperial library in Luoyang,
he left to go to Louguantai, 楼观台 a place not far from Xi'an 西安
There, he wrote a book called the "Classic of the Dao and the Virtue ",
"Dao De Jing" 道德 经,
Later, he left Louguantai and travelled west only to disappear forever.
The place of his death is unknown.
In his book, Laozi gives his understanding of the universe and man.

For Laozi, the "Dao" 道 the"Way" is
the origin of beings,
the cosmic principle which directs the evolution of the world,
the rule which controls mutations,
the source of harmony where men can find happiness.

The "Virtue" "De" 德 is
the strength which springs up within a being from a non being
and also the capacity which enables beings to be individuals.

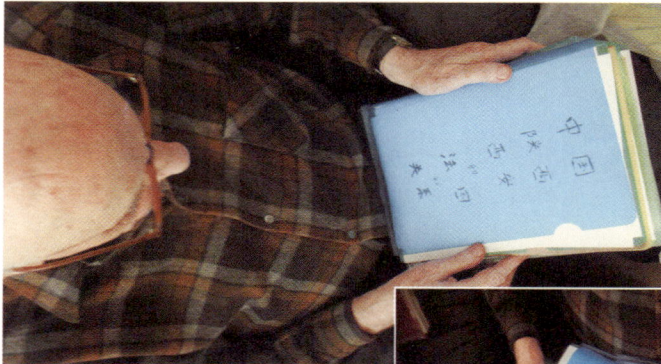

　　刚到大陆，让对中国的一切都感兴趣，尤其是中国传统文化。他还给自己起了一个中文名字：米睿哲。不过，要真正了解中国文化，汉字无疑是必须攻破的一道关口。对于习惯于字母文字的西方人来说，方块汉字无异于一种天书。这些尚未完全摆脱象形特点、造型奇特古拙的东方文字，曾让许多西方人大伤脑筋。

　　来到中国内地之前，由于在香港有着多年的学习、生活经历，让不仅能用粤语交流，也学会了讲普通话。来到内地之后，随着对中国的近距离观察，让对中国文化的兴趣不断加深。他时常对身边朋友说："中国是我感觉最好的国家，这里的人最有道德和文化。西安是周、秦、汉、唐等十多个王朝建都的地方，这里有许多的帝王陵墓，藏着无数的神奇和秘密，对于

让在文件上签署自己的中文名字"米睿哲"

让在查阅资料

让的部分著作

让和耿强（左一）、杨晨光（左二）
在一起

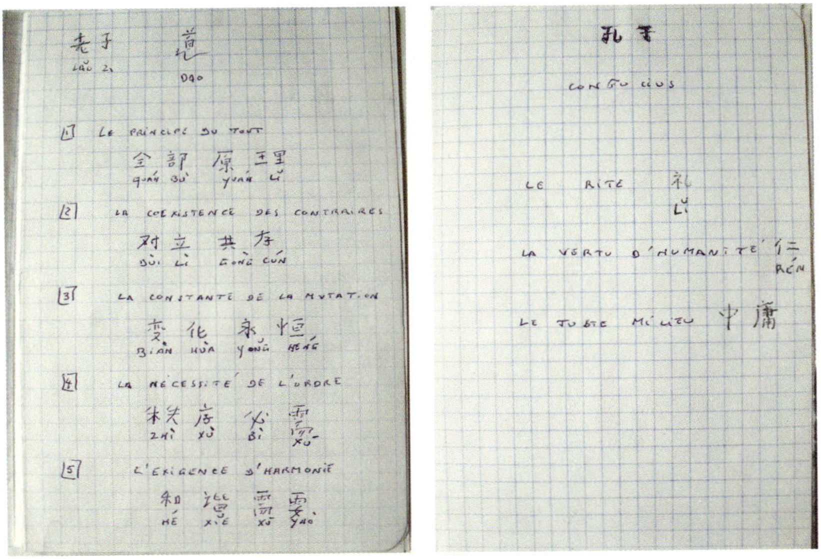

让研究中国传统文化手稿

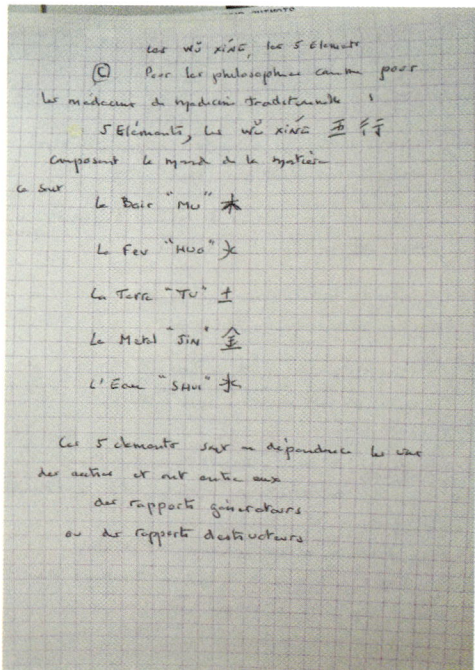

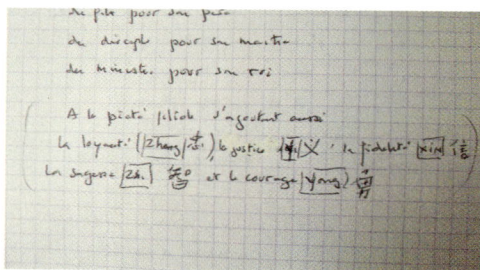

让研究中国传统文化手稿

喜欢历史的我来说，这是个学习的好地方！"为了深入研究中国文化，已到知天命之年的让决心继续学习汉语。

在西安外国语学院，陆栋是让最早结识的朋友之一，二人既是同事又是邻居。因为这层关系，教让学习汉语的任务自然落到了陆栋身上。每当学习中遇到困难，让总是认真地向陆栋请教。在让的遗物中，一份手稿特别引人注目：洁净的方格纸上，工工整整地写着"中国""北京""西安"等字样，上面仔细标注着汉语拼音。让有极高的语言天赋，他精通四国语言，对于地方方言也很感兴趣，客居香港时他掌握了粤语，参观上海的旅行中，也学了一些上海话。由于勤奋，到西安后他的普通话长进很快，兴致高的时候，还会用带着浓厚法国口音的关中方言和朋友开开玩笑。

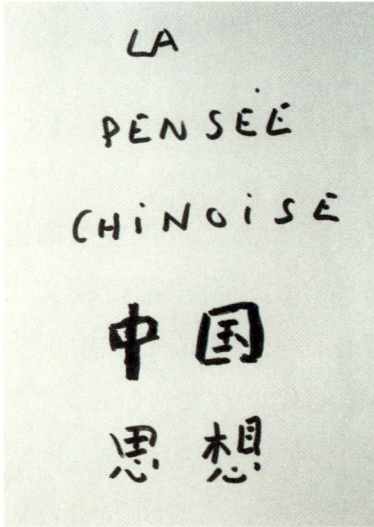

让的手迹

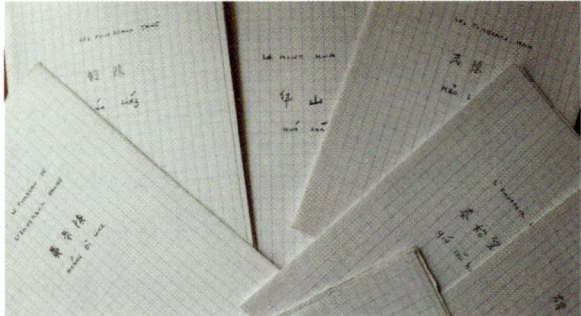

让为法国朋友介绍中国传统文化和西安名胜古迹的手稿

1. 填补明代地方官吏及文官制度研究的空白

20 世纪 80 年代初，让已步入花甲之年。从西安外国语学院退休后，他并未急于返回法国。由于对中国传统文化怀着深深的热爱，让决定继续留在西安，潜心研究中国文化。若干年后，他相继完成《中国明代地方文官制度》《中国古代流行病》《中国智慧——另一种文化》等著作，内容涉及中国历史、中医、哲学等众多方面。这些研究中，他耗费心血最多的要数完成于 1985 年的《明代地方官吏及文官制度——关于陕西和西安府的研究》。说到这本书的写作缘起，还与让的朋友、法国著名汉学家汪德迈的一次来访有关。

1980 年 8 月，中国明清史国际学术研讨会在天津召开，受到邀请的有日本、美国、澳大利亚、德国、瑞士等许多国家的汉学家，唯独法国学者未在邀请之列，其原因自然不是出于学术上的偏见，而是法国鲜有明清史领域的相关专家。这件事对汪德迈、谢和耐等法国汉学家刺激很深。如何提升法国的中国史研究？汪德迈想到了远在中国执教的老朋友让·德·米里拜尔，于是他专程拜访让，希望让利用在中国工作的便利条件，开展中国史研究。让果然不辜负这位挚友的期望，痛快地答应了下来。在中国朋友的建议下，让很快

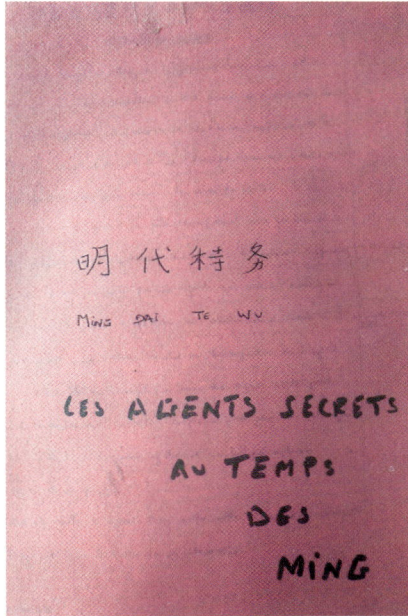

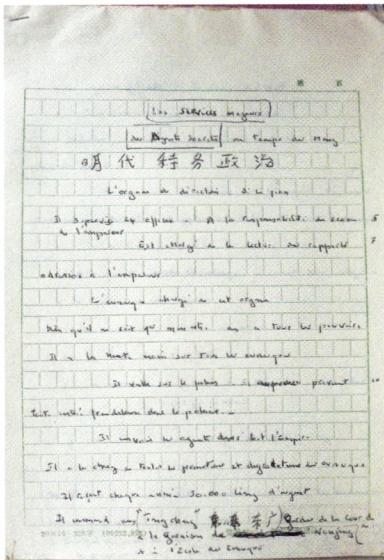

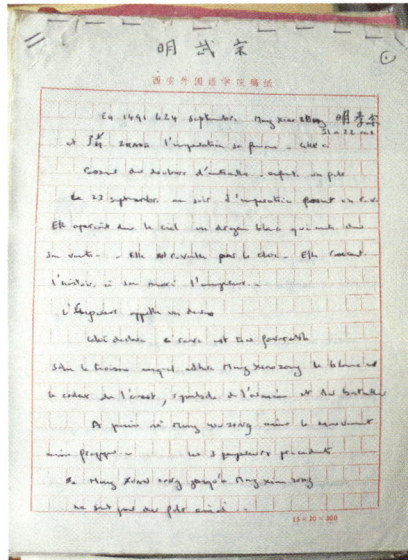

让研究明代历史手稿

确定了自己的研究方向：明代地方官吏与文官制度。为了使研究能够顺利进行，让还邀请陆栋参与研究，以便能给他提供必要的帮助。

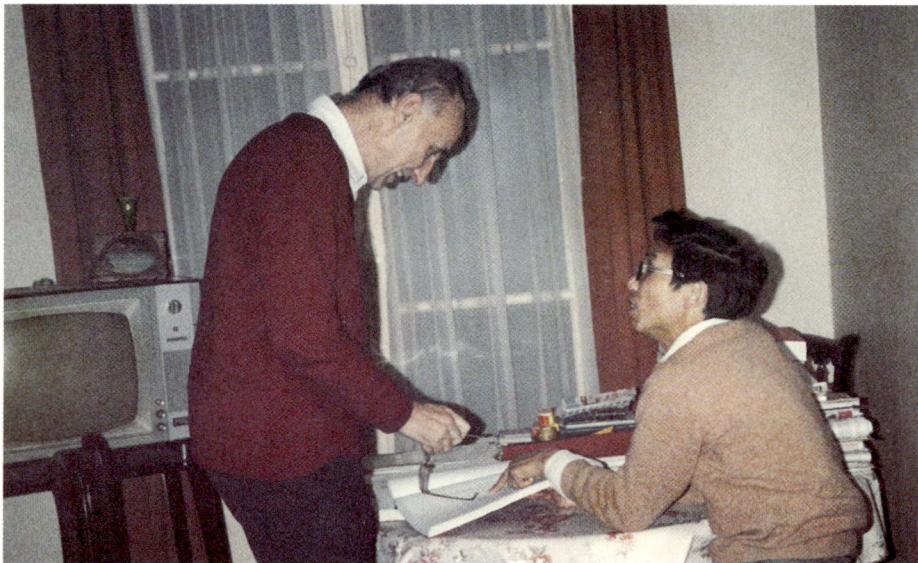

1985 年 9 月，让和陆栋准备论文答辩

在日常事务之余，让每天跑到与西外相邻的陕西师范大学，在图书馆里查阅了大量明清两代的历史资料。为了获得第一手资料，让和陆栋几乎走遍了陕西每一个县进行实地研究。直到 1985 年，让才完成了这部 28 万字的论著。仅他的研究手稿，加起来就有一人多高。举凡明代官员的相貌、年龄、仪态、气质等，他都详细地进行了统计，体现出法国汉学家的严谨与细心。论著完成后，便在国内引发反响，《陕

西日报》曾对这部论著作了报道：

> 西安外国语学院法籍外教让·德·米里拜尔撰写的《中国明代地方文官制度》，于五月上旬完成。这篇有近七百印刷面的长篇学术论文，是让先生在西安外国语学院执教的六年中，利用业余时间完成的。从事这项研究的过程中，让先生在本院讲师陆栋和郭太初、毕胜美的帮助下，涉猎中外文献近百种。仅《明史》文献就有三百三十二卷。
>
> 应著名的法国巴黎第七大学的正式邀请，参与编写《中国明代地方文官制度》的陆栋、郭太初，将参加十月在巴黎举行的此论文答辩考试委员会。
>
> 据悉，这篇论文将填补法国对中国历史研究的一个空白，也是中外学者共同研讨人类文明历史的一个范例。由中国的中年教师与法国著名汉学家、史学家组成答辩考试委员会，也是中外文化交流史上罕见的。

随后，《人民日报》"今日首都和各省市区报纸要目"栏，也对这本书的出版报道做了转载。

博士论文答辩前夕，让告诉陆栋："我的母亲年纪很大了，已经90多岁了，身体很不好，但是我告诉你，她一直盼着我答辩的那一天，她要参加我的答辩会。"果然，这位可敬的母亲一直坚持到儿子论文答辩之后才离开人世。

在陆栋家里，仍珍藏着1985年10月让在法国论文答辩时的照片。由于这篇论文填补了法国汉学界对中国明代史研究的空白，让被巴黎第七大学授予法国国家博士学位，成为关于中国明代地方史研究的第一个法国国家博士。论文答辩这天，答辩现场来了几百人，连法国著名的《世界报》都破天荒地第一次报道一篇博士论文答辩的消息。答辩专家对这篇论文给予很高的评价，一致同意给予"最优"成绩。法国著名汉学家、论文评审委员之一的汪德迈指出："让·德·米里拜尔的研究富有独创性，又具集体性，在中国内地第一次以这样的形式进行成功的研究，有很大的意义和价值。"联想到改革开放以后的中国，在外部世界和中国存在很多误解的情况下，中国能容纳一个外国专家来搞这样的研究，这部论文的文化意义，在中法文化交流史上的作用不可低估。这篇论文后来又由郭太初、张上赐、蒋梓骅三位教授译成汉语。西安外国语学院前院长孙天义在中文版序言中说："这是迄今为止，第一部关于明代西北地区的专项研究。从未有人如此力求多角度、多方位地剖析明代地方行政管理及文官的工作、生活、性格和爱好。尤为可贵的是，研究中有许多统计数字和表格，形成了一个生动明了的社会环境，从而为人们了解、认识特定的史实提供了可能。

让·德·米里拜尔先生在结撰史料方面的风格明晰而清丽。他对当时周密、进步的中国古代行政制度的服膺，在字里行间处处可见，使人联想起三四个世纪前，中国文官制度对欧洲的影响和吸引情景。"这篇论文也让法国更多的汉学家看到了中国文化的独特与灿烂。正是在让的影响之下，法国另一位汉学家戴宇阁不久也投入了中国传统书法与湖南江永女书的研究。

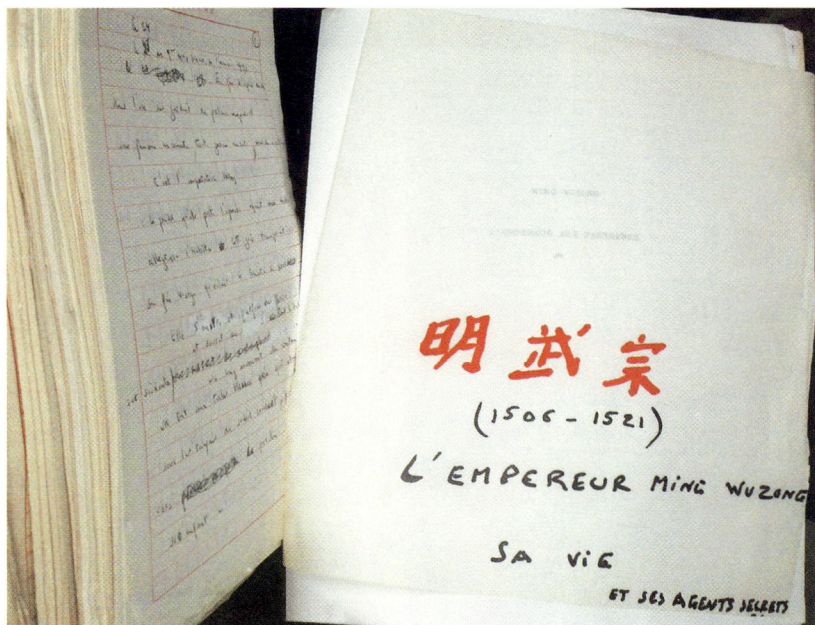

让研究明代历史手稿

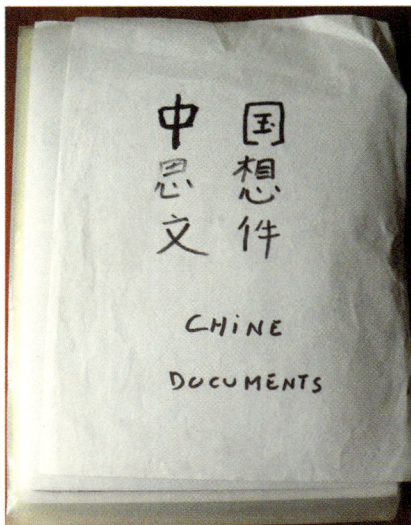

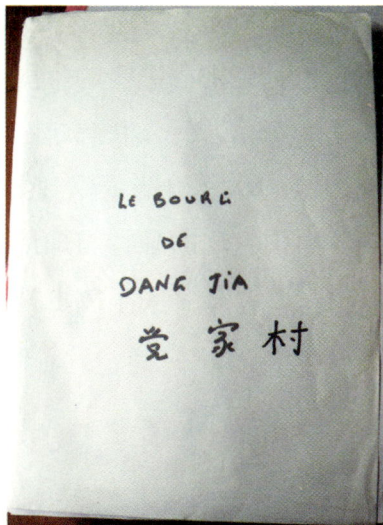

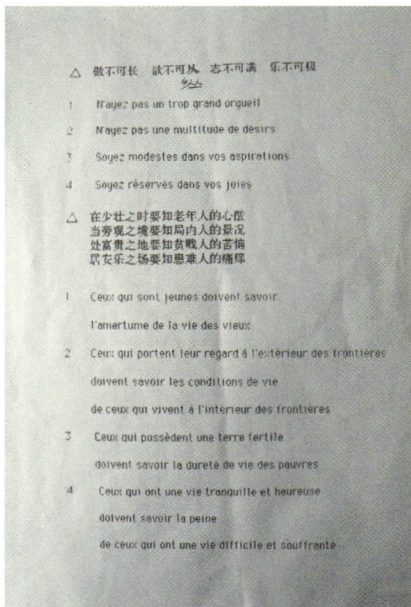

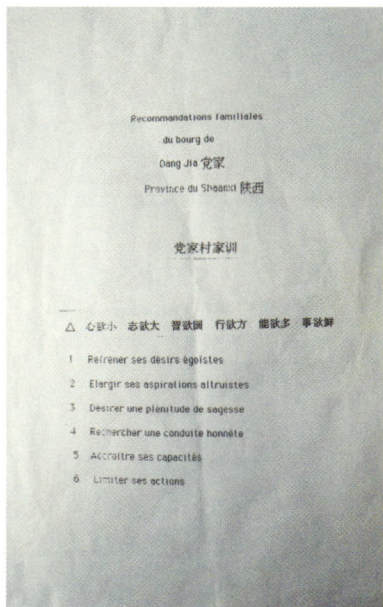

让为法国朋友介绍党家村做的中法文文件

2. 中医是中国传统文化国粹

自中西文化交汇以来，中国传统医学一直是西方传教士、汉学家感兴趣的对象。早在 17 世纪中叶，波兰传教士卜弥格已将《黄帝内经》《脉经》等中国医书介绍到西方，还撰写《医学的钥匙》等有关中医学的著作，开启了西方世界对于中医的研究。后来的汉学家，无不对东方这种带有神秘色彩的医学知识产生极大兴趣。对于从西方远道而来的让来说，中医同样成为令他着迷的对象。

在古城西安，知道让事迹的人不少，但知道他热爱中医而且对中国医学史颇有研究的并不多。作为一名学者，让最初的专业并非医学，他早年曾在法国格勒诺布尔大学求学，后来又因中国明清史研究在巴黎第七大学获得国家博士学位。在许多人看来，让的学术兴趣从历史转向中医，似乎有些突然。

其实，让和中医结缘并非一朝一夕。早在 20 世纪 70 年代末，他刚来西安不久，有一次在碑林博物馆参观，当时正好有唐代的医学史展览。中国人对于 1300 多年来中医文献的珍视，以及对于中医医生的尊重，深深影响了这位法国人，于是他萌发了研究中医史的想法。引起让对中医强烈兴趣的还有另外一件事。也是在刚到西安不久，让曾因病来到陕西省人民医院。让当时患的是慢性病，曾在巴黎看过医生，但效果并不明显。在陕西省人民医院，由一位中医大夫诊治后，病情很快有所好转。这件事极大地激发了让对中医的好感。要知道，在让之前，受科学主义思潮的影响，无论中西方都有一种极端化的论调，认为中医是"伪科学"，和现代医学格格不入。通过亲身体验和观察，让却认识到中医有一套博大精深的知识体系，是中国文化贡献给世界的一份珍贵遗产。让还仔细观摩过针灸、号脉等中医临床知识，这些给他留下了十分深刻的印象，也激发起他进一步学习、探究中医的打算。

此后的两年时间里，为了研究中医的历史，每个周末，让都会请当时西安市中医医院的杨震院长给他系统地讲授中医。经过学习让才知道，中医比他最初所想的远为复杂，比如 24 种脉象，就需要很长时间的实践才能真正掌握。经过对中医的系统学习之后，让和西安的老朋友共同对中国医学史进行了一些研究。在让去世之后的遗物里，还能找到他当年研究中医文化的古籍和手稿。在这些一丝不苟认真誊写的中医专业术语和太极阴阳图上面，凝聚着一位法国汉学家对中国传统医学的敬意与心血。

经过多年的努力，让与朋友先后在法国合作出版了《中国古代传染病史》《简明中医学》等学术专著。在让看来，西方世界对中医存在普遍误解，作为一位旅居中国多年的汉

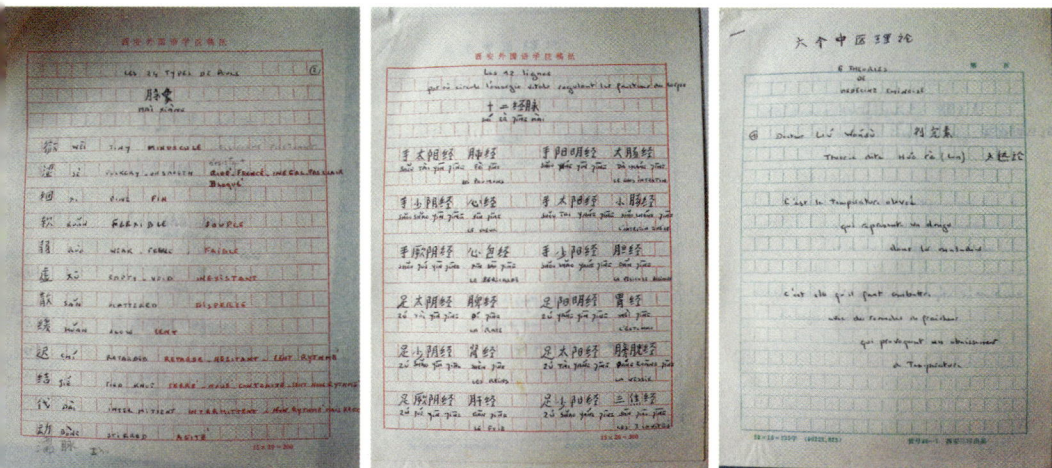

让研究中国传统中医学手稿

学家，他有义务将中医文化介绍给西方，以实现中西方医学的交流与对话。在让与另一位法国汉学家共同完成的《中国的智慧》一书中，也有介绍中医的内容。在学习的过程中，让渐渐懂得，从历史的角度来看，中医和中国人的思想有密切的关系；一个外国人如果没有学习过中医，将很难理解中国人。

虽然中医文化博大精深、历史悠久，但在物欲横流的当下，却有日渐被边缘化的危险。直至去世，让多年来一直主要选择中医大夫帮助自己维护自己的"老机器"（指身体），而给他生活带来痛苦的痼疾也每每在中医大夫们的汤药、针灸、按摩治疗后得以消除。在现实面前，对中医有着认识和切身体验的让内心深感不安。在与让关系非常密切的陕西省中医医院杨晨光医生的一次访谈中，让不无担忧地谈道：

未来中医前途的困难不会是中国的思想有问题，而更多的可能是因为钱而出现了困难。药商鼓励医生用他们的药而不是中医的方法，时间长了会降低中医的水平；而中医大夫对西药的化学成分、药理作用一定也不如他们对中药性味的理解。现代医学发展到现在和商业有密切的关系，而传统中医更重视医生自身的价值和思想的价值，并一直以为病人节约钱作为医德的一项重要体现，有些医生甚至会自己出钱为病人诊治，这是很了不起的事。在重视获得经济利益的现代，中医的发展会因此受到限制。

继承中医的传统，需要抵抗过度的商业化。不需要让中医去追求钱而破坏中医。中医一旦被破坏则很难恢复。破坏中医，就是破坏中国的前途，破坏中国的根，这会是一个大悲剧。中医肯定不能得到很多钱，但无论是否得到很多钱，都应该支持中医的继承和发展，中医作为中国的根和中国的历史一样宝贵。研究历史也得不到钱，但这并不说明历史不重要。重视钱是西方人的思想，你们是中国人，不是西方人，你们应该继续自己的传统。希望有水平的中医团体能同意这个观点并不断发出这样的声音。

在让看来，"继承中医的传统，需要抵抗过度的商业化"，"都应支持中医的继承和发展"。在另一场合，让甚至提议：中国需要建立相当于诺贝尔生理学或医学奖级别的中医奖项，来鼓励世界研究和学习中医。也许，有人会对让的上述思考和建议不以为然。不过，一位法国老人对于中国传统医学的忧思，仍然值得每一位中国人深思。

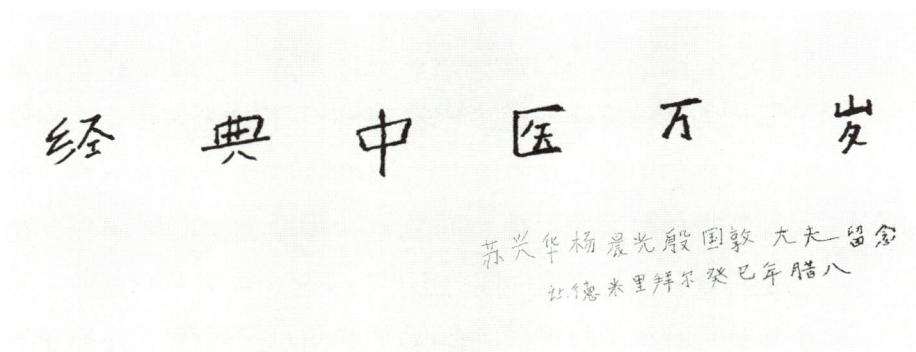

让亲笔书写"经典中医万岁"

3. 崇拜中国传统文化

　　在西外雁塔校区东北角，曾经有一座爬满青藤的旧式楼房，让生前便住在这栋楼上。他的居室并不大，大约60多平方米，只有1室1厅。学校也曾提出给他换一套更大、更新的居室，但被让婉言谢绝，他更喜欢住在这座陪伴他多年的老楼上。"斯是陋室，惟吾德馨"。在这间简陋而不失雅静的居室里，最显眼的是四排书架。卧室和客厅各有两排，客厅两个书架上，摆满了有关中国的书籍，从《先秦诸子集成》《四书五经》等古代典籍，到《朝花夕拾》《简明中国文学史》等 20 世纪作家、学者的著作，可谓纵贯数千年，横跨文史哲——如果算上传统中医类著作，其实何止文史哲。

让非常喜欢找中国朋友聊天，按照他的说法叫"逛月球"，言下之意，这种闲谈不一定有现实针对性，然而，它所带来的精神收获却异常丰富。他对明代地方官吏及文官制度、对中国中医以及中国古代文化的研究，无不与这种"逛月球"有着很深的关联。即使到了晚年，腿脚已不灵便，让还是喜欢和朋友谈论中国的历史与文化，如果某个事件、某个典故一时想不起来，他会指着书架的某个位置，让朋友把这本书拿过来。这些琳琅满目、古今荟萃的藏书，折射出一位汉学家对中国文化的由衷热爱。

其实，让与中国文化的相遇，也经历了一个过程。让曾经告诉朋友们，他对中国文化的态度经历了从最初的兴趣，逐渐发展到热爱，最后升华为崇拜。让曾亲自对身边的朋友说：我崇拜中国文化。对于一位从西方远道而来的学者而言，当使用"崇拜"这个字眼时，他对于中国文化的深厚感情，我们如何估量也不过分，那是用他的生命和灵魂对中国文化的一种肯定。

在中国古代的先贤中，让最喜欢的是老子。在他的书架上，仅《道德经》的法文译本就有 4 种之多。其中一个由德文转译的法译本他尤其欣赏，杨晨光到法国时，让特地复印了一本，托杨晨光送给他的朋友、法国国家科学研究中心汪德迈教授。有一年，让准备和苏兴华合作翻译《道德经》，先由苏兴华从文言口译为白话，再由让翻译成法文。因为种种原因，这次翻译最终没有完成。虽然仅译出了一章，但让的严谨、仔细，还是给苏兴华留下了十分深刻的印象："我们一起讨论《道德经》，仅仅是第一章，我们就讨论了将近一周，20 个小时。他对学问的认真，对于当时 25 岁的我来说，确实可以用震惊二字来形容。这件事情影响到我以后的学术态度。"

让的书架

在让看来，与强调贵贱尊卑、等级秩序的儒家相比，以老子为代表的道家才是中国文化的真正根脉。仔细追溯起来，中国文化中的民本思想，最早并非孟子的"民贵君轻"论，其源头可以上溯至老子。在《道德经》中，让经常称道的一句话便是："圣人无常心，以百姓心为心。"联想到让平日的种种善举，便不难理解他对老子推崇的原因。其实，道家对让的影响，何止是"以百姓心为心"这句话。《道德经》第二章有言："圣人处无为之事，行不言之教。"尽管让从未将自己视为圣人，也拒绝在自己身上粘贴"崇高"之类的标签，不过，从他的一言一行，都可以看到"行不言之教"的影子。接近让的人都知道，让从不肯直接批评某个人，也从未大张旗鼓地宣传自己的主张，他总是从小事入手，用自己的一言一行影响、

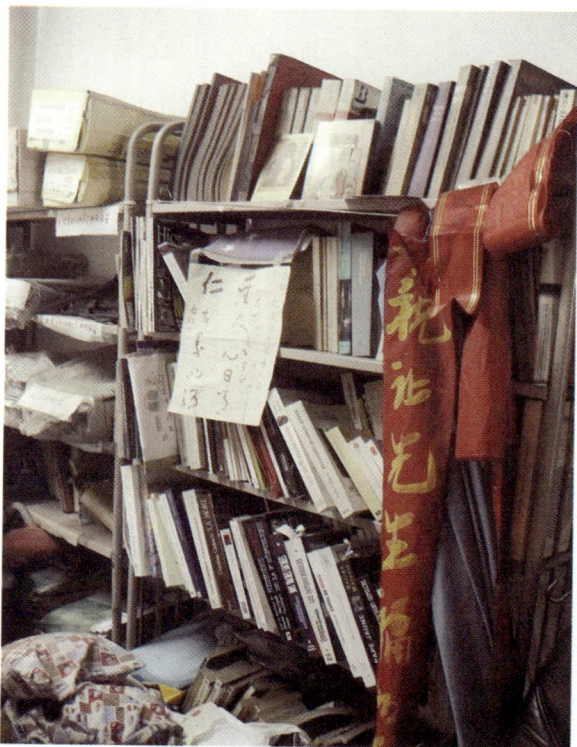

让藏书丰富

感化身边每一位人。"桃李不言，下自成蹊"。虽然让处事深沉内敛，但受其影响的人不在少数。

老子之外，受到让推崇的还有明代思想家王阳明。与老子一样，让对王阳明的接受，很大程度上并未仅仅停留在作为知识系统的心学上面，更重要的是，通过王阳明，让发现了人类对良知的普遍追求。让曾说："良心是上帝给人类最好的赐物"，而心学的主旨也是"致良知"："心之良知是谓圣，圣人之学，唯是致此良知而已。"可以说，在王阳明的身上，让看到了东西方文化终极价值的相通。

为了使西方世界更多地了解中国传统文化，让还与汪德迈等法国朋友合作，相继用法语写成《中国的智慧——另一种文化》《中国智慧》等著作。在《中国智慧》一书的前言中，让对中华文化的赞誉溢于言表："中国文化是当今充满活力的文化中最古老的文化。她拥有五千多年的历史，可以追溯到史前时期。如果我们将中国文化的开端看作是中国文字发明的时候，她也有三千五百年的历史。……中国文化古今融汇及历史跨度都是最长久的。""希腊思想之成果也仅出现于文艺复兴之后。……中国思想或许还没有画上句号。"曾在西北大学执教的张弛，至今清晰记得让写作《中国的智慧》时的情景。因为张弛本科所学专业是汉语言文学，让专门请他解释汉字构造和构词的逻辑性。张弛特别解释了"六书"中的"形声"字，因为超过80％的汉字是按照这一原则创造的，通过字形即可判断其中大部分字的发音和意思，而且还可以不断地创造新的汉字以表示新的事物，比如许多化学元素。对于构词，张弛以"化"字为例加以说明：这个字在现代汉语中有一个意思，相当于法语的词缀"-isation"和英语的"-ization"，使汉语可以像英语和法语一样不断地由基本词构造出无尽的衍生词来表达新观念，如"现代化""自动化""机械化"等等。让对张弛的解释非常兴奋，说许多西方汉学家都认为汉语的字词构造没有逻辑，没有系统，是世界上最难学的语言，其实是不懂汉字造字和构词的逻辑方法。让特意把张弛的观点和例证写进了书中。此后，如果有法国朋友来访，他都会请张弛讲一下汉语字词的逻辑性，希望引起他们对汉语的兴趣。让希望有更多的西方人能破除"汉字难写，汉语难学"的畏难情绪，这样才能够学习、了解中国的历史和文化。

第三章

为中法交流铺路架桥

在漫长的历史上，中法两国一直有着密切的文化往来，著名的丝绸之路从汉长安城一直延伸到地中海之滨的法国里昂。18世纪，法国启蒙思想家伏尔泰、狄德罗等，通过来华传教士的叙述，对中国文化产生了强烈兴趣。他们笔下的中国，由一位开明的君主治理，国家富庶，人民安居乐业，整个国土犹如人间乐园。20世纪60年代，中法两国冲破了重重阻力，率先建立起大使级外交关系。让的到来，无疑为源远流长的中法友谊又增添了一份动力。

1. 甘当中法文化交流的使者

作为一位对中国文化怀有强烈兴趣的法国人，让自觉担负起促进中法文化交流的使命。从某种程度上甚至可以说，让对自己作为中法交流使者的身份，比对他作为法国文教专家的身份更为看重。每当法国朋友来华，不论人数多寡，他总会邀请西安外国语学院的陆栋老师等中国朋友跟他们座谈，讲授中国传统文化。讲课时的场景往往是：中国朋友用汉语讲，让亲自给法国朋友充当翻译。让经常对来中国旅游的法国朋友说："到中国仅仅参观景点还不够，更重要的是了解中国文化和中国人民。"让还亲自当导游，带领法国朋友到西安参观，大雁塔、兴教寺、楼观台、碑林、党家村，都是让最喜欢带法国朋友去的地方。

从西安外国语学院退休之后，让并未放下一切事务专心安享晚年，而是不顾年迈体衰，潜心投入中国明代史的研究。这曾让许多人大惑不解。一次，西安外国语学院贾振范老师问让："你这样辛苦地研究究竟为了什么？"让回答：

1998 年 5 月，让在中法科技交流协会成立大会上签名

"为了帮助法国人了解中国的文化传统。"为了避免法国人的文化误读，让曾拒绝将明代宫廷酷刑中个别过于惊悚的历史细节介绍给法国读者。也许有人会对让的这一做法持有不同看法，但考虑到跨文

2000 年夏，让和朋友们在西安

1997 年 10 月，让陪同陕西省卫生厅耿庆义（右）等访问法国巴黎巴斯德研究院艾滋病专家办公室

化交流中的复杂性，让的这番苦心令我们感佩。在向法国介绍中国文化的同时，让也主动向中国介绍法国文化。他在西外面向教师、学生开设的讲座中，许多主题都涉及法国历史与文化。让还将法国的汉学家、作家请到中国，向中国介绍法国汉学和文学，其中就有著名汉学家汪德迈、著名诗人于格·德·蒙达朗拜尔。

为了使法国各界朋友能更好地了解中国，让多次联系促成法国访华代表团来华访问，使更多的法国人了解中国的历史和文化，了解中国的改革开放。多年来，让和法国驻华使馆一直保持着良好的关系，法国大使多次到访西安，2014年5月，法国驻华大使白林女士专程拜访了让，对让一生投身教育事业的奉献和成绩给予高度肯定。

为了在更高层面上发展中法两国的友好关系，20世纪80年代中期，让试图将西安和法国里昂结成友好城市。位于东西半球的这两个城市，恰好位于丝绸之路的起点与终点。在这两座城市之间架起友谊桥梁，体现出让的魄力与眼光。遗憾的是，由于种种原因，让的这次努力最终未能实现。

其实，在让的心目中，比起文化交流，科技交流更应放在首要位置。按照让的最初设想，首先促进中法科技间的交流，再由科技交流带动两国之间的文化交流。基于这种理念，让对加强中法科技交流不遗余力，20世纪90年代，为

1994 年 5 月 6 日，法国驻华大使弗朗索瓦·普莱森（右二）代表法国政府在西安为让授勋

1999 年 8 月，时任法国驻华大使毛磊在西安向让赠送自己书写的"友谊"条幅，祝贺让 80 华诞

促进中法之间的协作交流，在让的提议和推动下，由陕西省卫生厅原副厅长耿庆义、西安市卫生防疫站副站长易桂露、从法国学成归国的西外青年学者户思社等发起，筹建中法科学技术交流协会。1998年5月，中法科技交流协会成立大会在西安举行。陕西省原副省长陈宗兴、原法国驻华大使毛磊等出席大会。会上选出曾留学法国的西北有色金属研究院院长周濂为首任会长，秘书长为户思社博士，让任顾问，协会办公地点设在西安外国语学院宾馆。协会旨在建立中法政府间的长期交流，以资助更多的中国学子到法国留学。虽然协会维持的时间并不太久，但在协会的帮助下，西安仍有一

1998年5月中法科技交流协会成立，法中科技交流协会副会长弗朗索瓦·刘（右二）致辞

1996 年 11 月，西外庆祝让在学校从事教研活动 20 周年

批科技、文化界的青年到法国学习，对中法之间的协作交流
起到了推动作用。

　　在西安的近 40 年中，为促进中法文化交流，增进两国
人民的友谊，让呕心沥血，多方奔走。他利用在法国的各种
关系，积极促进和帮助中国朋友赴法国留学和交流，同时又
穿梭引荐了许多法国朋友来中国交流讲学。

　　为表彰让在中法文化交流中作出的杰出贡献，1994 年 5
月 5 日，法国驻华大使弗朗索瓦·普莱森专程来到西安，代
表法国总统将一枚法国荣誉军团勋章授予让。荣誉军团勋章
是法国最高等级的荣誉勋章，让获得这枚代表法国最高荣誉
的勋章后，又立即转赠给了西安外国语学院永久收藏。用让

1997 年，时任陕西省省长程安东为让题词

1993 年，让在巴黎参观吴华博士画展

2006 年 12 月 10 日，让和朋友法国汉学家汪德迈在西安

2010 年 8 月，法国科学院院士德泰来西安看望让

的话说，这份荣誉是在与中国人友谊合作中获得的，应该与中国人民一起分享；将这枚勋章永远保存在中国，让中法文化交流就像这枚勋章一样永远流传。在授勋

2011 年，让和法国利氏学社社长欧明华在西安

仪式上，让满怀深情地发表了演讲：

　　过去的西安，唐朝时便拥有了百万人口的著名城市，也是当时世界上最大的城市，这里一直有络绎不绝的骆驼队，源源不断地从西方而来，满载着献给皇帝的

珍贵贡品和礼物。

今天，大使先生的到来让这一传统得以延续，您带来了一份礼物：一枚勋章。

这枚勋章是一个象征。

透过它东西方向的臂膀，这枚勋章呼唤着一种接近：东方和西方的接近。它促进了一种结合：中法两国人民优良品质和天赋的一种结合。中国人超凡的能力、特有的耐力、持久的耐心、卓越的才智与不凡的才能和法国人民理性思维与宽宏胸襟的一种结合。

透过它伸向大地的臂膀，这枚勋章还指出了本世纪来人类的特别需求，并且要求每位劳动者不断开拓利用地球的资源为人类造福。

透过它伸向天空的臂膀，这枚勋章同时还恳请大家支持人类最崇高的愿望：探寻真理，寻求正义，实行博爱、善良和宽仁。

它提醒着我们：所有人类伟大的业绩，无不是用鲜血——这一人类最为珍贵的馈赠浇铸而成的。

同时，它也是对中国、法国和世界各国所有为了解救他人而献出自己宝贵生命的人表达的一种敬意。

大使先生，您代表法国人民为我授予这枚勋章。我想将它呈交给中国人民的代表代为保存，以表示我对中国人民的高度尊敬与欣赏。我感受得到中国农民和工人的勇气、技术专家的机敏、科学家和文学家的才华、医务工作者的忘我、行政人员的能力、艺术家的才能以及诗人的魅力。

同时，感谢所有在座和在他处的中国人给予我热情不渝的帮助和热诚真挚的情谊。

最后，我将它交给中国人民保管以表达我对大家的情谊。

2. 倾力资助留法学子

初到西外担任法语外教的时候，让便从学生那一双双求知若渴的眼睛中看到对外面世界的向往。是啊，在"文革"刚刚结束的中国，百废待兴，封闭已久的环境令年轻人都迫不及待地想到外面的世界去看一看。然而，在当时，走出国门是可望而不可即的一件难事。于是，已近耳顺之年的让勇敢地承担起这个责任，他要用自己的力量去帮助这些渴望"睁眼看世界"的年轻人。

让利用自己在法国的各种关系，为这些年轻人创造更多的留学机会。西外师生是让帮助的首批对象，但是很快，让资助留法的年轻人便来自四面八方，包括外语、经济、医学、地质、传媒、科技、文学、艺术、商业等各方面人才。虽然领域不同，但是他们身上有一个共同点，大多是勤奋好

2006 年 12 月 10 日，让的朋友法国汉学家汪德迈来到西安，在让的家中和学生交流

学、出身贫困家庭的寒门学子。于是，让把从自己身上节省下来的钱，用来资助这些贫困学子。多年以后留学回来的这些学子说，如果没有让，对于我们这些贫寒学子而言，出国留学恐怕是想都不敢想的天方夜谭。现任陕西华圣企业（集团）股份有限公司总经理的李涛是让最早资助出国的一批学子之一。据他回忆说，刚刚到达法国，便感受到了国外艰辛的生存环境。当时已经是西安电视台记者的李涛，在国内每月工资 50 元人民币，可以过着较为充裕的生活。然而在法国，坐一趟地铁就需要 12 法郎，两天的交通费就要用去一

2006 年，让和陈雷、陈军、苏超、李涛一起在西安会见"第四世界组织"代表杨淑秀以及瑞士朋友

2010 年 8 月，法国科学院院士德泰教授（左）在西安为让祝寿

个月的工资。让便拿出自己的积蓄，为李涛提供学习和生活的费用。让还安排李涛住在自己一位法国好友的家中，这位好友为李涛提供免费的食宿。像李涛这样受到让资助的留法学子，还有很多。

让一个人的经济能力毕竟是有限的，为了从根本上帮助这些学子，让便积极向法国政府及有关部门为他们争取更多的奖学金。享受法国政府奖学金的学生可以受到法国政府的很多照顾，法国国际留学生中心为这些学生提供保险、住房条件并组织他们到法国各地旅行参观。这些优渥的学习、生活条件都与让的努力分不开。

在让的帮助下，很多西安的医生，特别是一些中医学医生，得以前往法国攻读学位或从事科研、交流工作。让为什么会对帮助医生有莫大的兴趣？多年之后，他在接受西安晚报采访时曾这样表述："医生的职业能拯救人的生命，帮助一个医生就等于帮助了许许多多的人。"其仁爱之心，令人敬佩。让还认为，"中医的博大精深西方人不了解。帮助中国大夫到国外去，一方面可以学习更先进的现代医学，同时把传统中医的精华带到国外去发扬光大，中西结合，将是一个了不起的成果"。

作为第一批中法交流的专家，让57岁来到西安外国语学院任教，一直到65岁退休，8年间，他帮助了一批又一批的中国赴法留学生。甚至退休后，他仍然对帮助中国学子赴法留学乐此不疲。不论是帮助哪一方面的人才赴法学习、交流，让说他这样做只有一个想法，就是希望更多的法国人能了解中国、了解中国博大精深的文化，也希望更多的中国人出国学习，然后再回来"为人民服务"。让对所有出国留学的人只有一个要求：学成后一定要回国，要为自己的国家服务，为自己的民族做事。

3. 无微不至地关怀留法学子

让初来中国时，已经年近花甲，并且长期身受疾病困扰，但为了帮助中国学子，他付出了常人难以想象的努力。在让退休之后，还未成为驻陕"永久侨民"之前，他每年都要返回法国办理签证，对于年事已高、身患病痛的让来说，每一来回都是一趟艰辛的历程，但让却将这些艰辛转化为有利条件，使之发挥出积极的作用——帮助留法学子联系学校、申请奖学金。身患严重高血压和结肠炎、先后做过 13 次手术的让，在与病痛不断折磨的抗争中，坚持帮助每一位上门求助的年轻人，他从未因为痛苦的疾病磨损自己的毅力和信念。让有一个习惯性的动作——举着拳头，大声疾呼"奋斗！奋斗！"他就是靠这种奋斗拼搏、永不服输的精神，为中国特别是西安的广大学子争取到一个又一个赴法留学的机会、一笔又一笔来自法国的奖学金。当然他的这种奋斗的精神，更深深地影响着一个个留法学子。一次，让在巴黎刚做完手术没有几天，受他资助的骨科医生凌鸣和朱卫民来到了法国。让不顾自己大病之后还未康复，亲自把凌鸣送到里昂，之后又把朱卫民送到马赛。他不仅跟各方面人士交代好两位医生的留学事宜，甚至还要带朱卫民去办各种手续。朱卫民看着让手捂着还没有完全长结实的伤口四处奔波，心里非常难过，他劝说让，"这些事以后我慢慢办，我们不去了好吗？"让却说："不要紧，我为我的孩子们做事，是应该的。"在朱卫民的再三劝阻下，让才同意回巴黎休息。可是他在临走之前，依然不放心，将朱卫民需要

外籍专家楼外盛开的红叶李

处理的一些未尽事宜交代给了他在马赛的一个朋友，请这位朋友帮助朱卫民办理。

让对赴法学子的帮助，并不以他们到达法国作为结束，而这恰恰只是一个开端。让回法探亲期间，每天都要身背中国学子的大量资料，为即将赴法的他们落实学习单位。中国学子初到法国，如果让恰好也在，他一定会亲自迎接这些远道而来的年轻人，而这些学子到达法国的第一站，便是让位于巴黎十三区（唐人区）的公寓。初来乍到的人走进家门的时候，总会看到很多熟悉的东方面孔，这里俨然就是初到法国的中国留学生的"大本营"。让把自己的家免费提供给这些出国留学人员居住，而自己回法国后却往往寄宿在亲戚或者朋友家里。除此之外，让还动员他的亲戚和朋友关心、照顾在法的中国留学生。在朱卫民与凌鸣的留法求学生活中，不管在马赛还是后来到里昂，便经常有让的朋友打电话询问他俩生活、工作有无困难？也经常有让的朋友开车来接他俩到自己家中过节、吃饭。因为让无微不至的关怀，这些留法学子在法国度过了一个个没有困难、没有孤独的学习、实习期。让帮助了太多的留学生，每当他生日时，来自四面八方的祝福卡片就会飞向让在西外专家楼中的那间小屋。

4. 从精神上影响留法学子

让说话时，前面总喜欢带着"或许"两个字，他对前来向他求助的中国学子的回应总是"或许我可以帮你"。他从不给人夸口，但是却尽自己最大的努力，不推脱不怠慢。让先后资助远赴法国学习、交流的人才多达 50 余人，这些人大多数学成归国，在各自的专业、行业、领域都有所建树和贡献。现任陕西省友谊医院骨科主任医师的王力群便是其中具有代表性的一位。到目前为止，现年 60 多岁的王力群已

让在书房

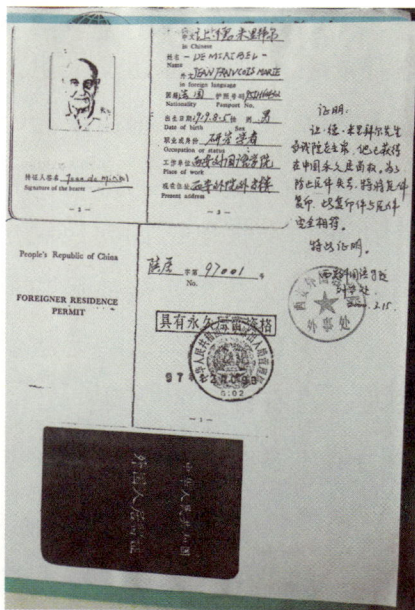

让的永久居留证复印件

经三赴非洲马拉维，是参与非洲援建最多的医生之一。非洲医疗环境险恶，更是艾滋病的高发地区，外科手术中稍有不慎便会有感染的风险。但王力群受到让无私奉献精神的影响，义无反顾，坚持奋战在援非工作第一线。回忆到让，王力群说："让先生改变了我的生活道路，完善了我的人格。与先生相识是我一生中的幸事。悠悠寸草心，报得三春晖。我今后在工作中和生活中要竭力放大先生的这种人类之爱。用我的爱心和技艺帮助更多的病人，回报祖国对我的生养和哺育，回馈让先生及法国对我的培养。"确实，让对这些赴法学子的帮助，不仅体现在生活和学习方面，同时也对他们的精神产生了重要的影响。王力群在法国的求学岁月中，遇到困难时，他总会想起让经常说的一句话："生活中往往是这样"（ça, c'est la vie），于是一切就都释然了。

5."我的根在西安"

1984 年 7 月，是让退休的时间，但是他却对中国割舍不下，于是便在这一年的 2 月提前向教育部提出继续居留的申请。5 月，教育部回信，为了答谢让对中国教育事业的支持、为增进中法两国人民之间友谊所作的积极贡献，挽留让继续居住到年底，之后需求可与西外商议。然而让这一留，就留到了自己生命的最后一刻。为了能够继续生活在中国，

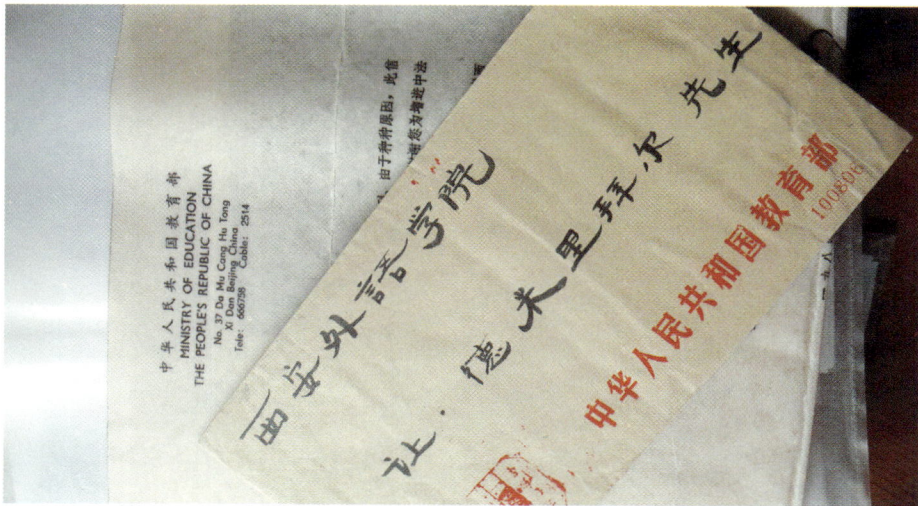

1984 年教育部给让的回函

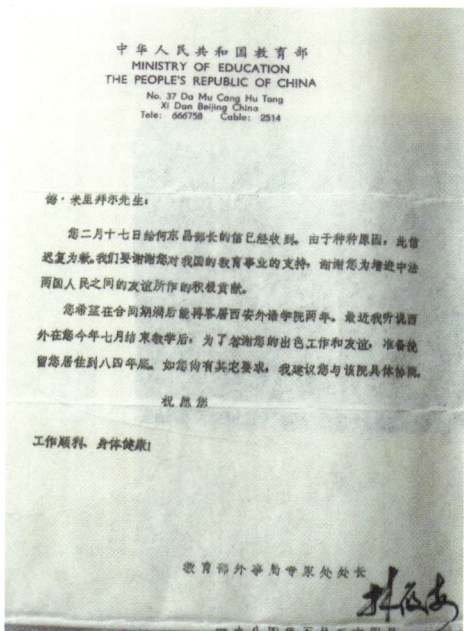

中华人民共和国教育部
MINISTRY OF EDUCATION
THE PEOPLE'S REPUBLIC OF CHINA
No. 37 Da Mu Cang Hu Tong
Xi Dan Beijing China
Tele: 666758 Cable: 2514

梅·米里拜尔先生：

您二月十七日给何东昌部长的信已经收到。由于种种原因，此信迟复为歉，我们要谢谢您对我们的教育事业的支持，谢谢您为增进中法两国人民之间的友谊所作的积极贡献。

您希望在合同期满后能够事居西安外语学院两年。最近我们说西外在您今年七月结束教学后，为了答谢您的出色工作和友谊，准备挽留您居住到八四年底。如您尚有其它要求，我建议您与该院具体商洽。

祝愿您

工作顺利，身体健康！

教育部外事局专家处处长
林仪南
一九八四年五月二十四日

1984 年教育部给让的回函

让每年都要拖着虚弱的病体、不辞辛劳地以研究学者的身份返回法国，一次又一次地办理工作签证。西外为了方便让在中国的生活及工作，也在 1985 年特意聘请让为学校中法文化比较研究室的客座研究员，更于 1995 年特别授予其为终身名誉教授。

1994 年到 1996 年期间，西外原德语系书记孙立坚在中国驻法国使馆工作。一次，让利用回法国办理签证的机会，专程来与孙立坚见面。两人在法国街道上用中文交谈，路过的法国人纷纷流露出惊奇的神情，一个法国人在法国的街道上如此流利地说着中文，确实令人吃惊不小。孙立坚心疼让70高龄还要两国奔波办理签证，便问让为什么不回到法国生活呢？让却说，"对于法国，我只是匆匆过客。我的家在中国"。其实，让远在法国的母亲一直记挂着他的长子，希望让可以回到法国。他母亲曾在信中说，"我需要你，家人需要你"。但是让却早已将自己的生命与中国结下了无法分离的情缘，他说："中国更需要我，我的根在西安。"此时的让，已不再只是把中国当作自己的第二故乡，而是决定永远留在中国。于是，他回西安后即开始申请永久居留中国。

1997年6月18日，在时任省长程安东的特批下，让终于以"研究学者"的身份获得了中国永久居留证，成为新中国成立以来西安乃至陕西省第一个获得在中国拥有永久居住资格的外籍专家。颁发证书的那一天，让特意穿上自己唯一的一件礼服，前去参加

1980年，让和西安外院王彬在北京宾馆前留影

65

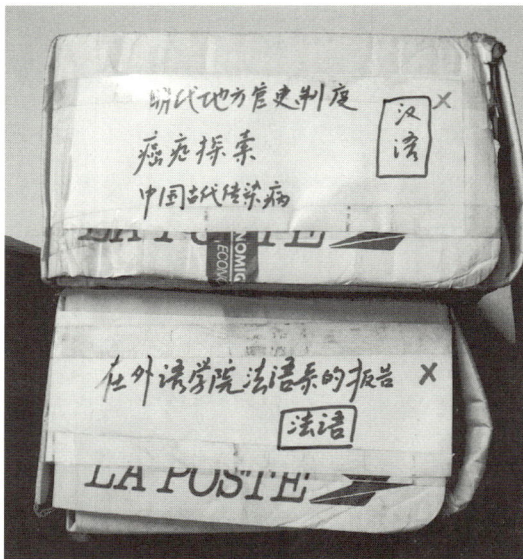

授证仪式。当从省外办的有关同志手中接过属于他的这份来之不易的中国永久居留证时，让深深地鞠躬，内心充满了感激。在授证仪式上，让动情地说："今天，我要向所有使我有幸成

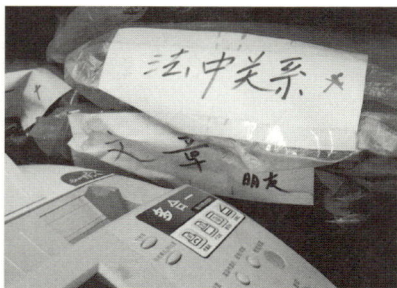

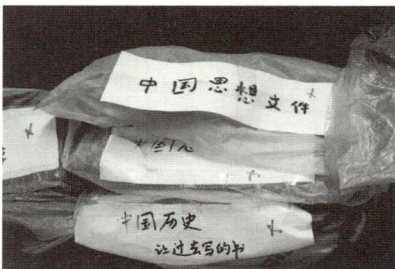

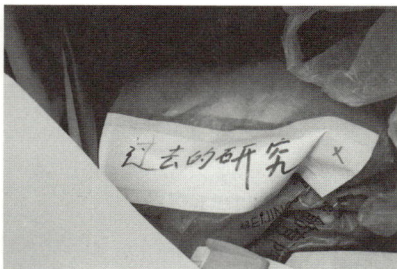

让的研究资料

为中国永久性侨民的人表示衷心的感谢。1940 年的 6 月 18 日，戴高乐将军在伦敦号召法国人民起来抵抗，给法国一个希望。我感激你们选择这个日子发给我永久居留证，这象征着中法人民之间永久的友谊！"

1999 年 8 月 5 日，时任法国驻华大使的毛磊，专程来西安祝贺让的 80 华诞。毛磊用毛笔书写了"友谊"两字大字，作为礼物赠给让，这也是对让多年来推动中法两国人民及国家间友谊的肯定与表彰。

同样在 1997 年，时任陕西省省长的程安东，为让题词"耕耘友谊"。这一题词现在铭刻在让的那块坐落于西外雁塔校区的纪念碑上，更重要的是，铭刻在让所有中国朋友的心中！

第四章
广交中国朋友

　　让退休以后除了学习研究中国文化，更多的时间是骑着自行车，走街串巷，深入西安乃至陕西最底层的百姓中去，关心他们的生存状况和生活情况，并尽自己所能帮助他们，其仁爱之心，广惠他身边的许多人。由此，他在西安结交了许多朋友。这些朋友中既有省、厅级领导，也有科技界、医学界、传媒行业的精英，更多的则是社会中的普通劳动者。可以说，让在西安生活了近40年，他的朋友遍及这座古城的大小角落。

让在书房

1. 善于结交朋友

让是一个善于结交朋友的人。作为一名出身贵族的法国人，让的家族在法国人脉丰富，让自己也交友广泛，其中很多人是法国各领域的权威人士，如法国巴黎高等研究院研究主任汪德迈教授、著名诗人于格·德·蒙达朗拜尔、联合国农业专家米歇尔·格罗洛、法国天文物理学家和教育家皮埃尔·雷纳、法国医学生物学院士德泰、法国文学院士程抱一及其女儿、汉学领域专家程艾兰……正是由于让的这些朋友的鼎力相助，他才能帮助一批批中国学子赴法留学，并且为他们提供更多、更好的学习和生活便利条件。而让前半生游历50多个国家的经历，则令他的国际友人遍布全球。在让的书架上，也收藏有很多知名学者的作品，翻开扉页，作者的亲笔签名跃然其上。不论国籍，他们皆因钦佩于让的无私奉献、大爱无疆的人格魅力而成为让的朋友。但让更多的朋友，却在中国，在古城西安。

1999年，让和耿强（左）、让的弟弟一家在乾陵

让在中国最初的朋友，是由于工作和教学与之相交的西外师生，西安外国语大学图书馆原馆长、陕西省政协原副主席陆栋，法语教育专家、翻译家、西外教授郭太初，西安外

2002 年，让与殷宝库（右一）、张成（右三）、陈雷（右四）、苏超（右五）游览兴教寺

国语大学原校长、民革中央常委、中国人民对外友好协会副
会长户思社，西安外国语大学资料员／编译审、陕西省译协
文学翻译委员会副主任、西安市残疾人福利基金会理事梁家
林，西安外国语大学原德法西语系第一任主任、陕西省旅游
局原副局长王克坚，西安外国语大学原法西语系党总支书
记、校工会原副主席任战锋，西安外国语大学教师贾振范，
西安石文软件有限公司创办者、技术总监张小会和杨静波夫
妇等，他们与让的友情便始于让执教于西外的时候。在这些
朋友的引荐下，让在中国的朋友圈子逐渐扩大起来，时任陕
西省卫生厅副厅长、中国预防医学科学院硕士生导师、西安
交通大学医学院兼职教授耿庆义，陕西省中医医院肿瘤科副

2002 年元旦，让与段降龙夫妇、李方（右二）、王恒（右一）在一起

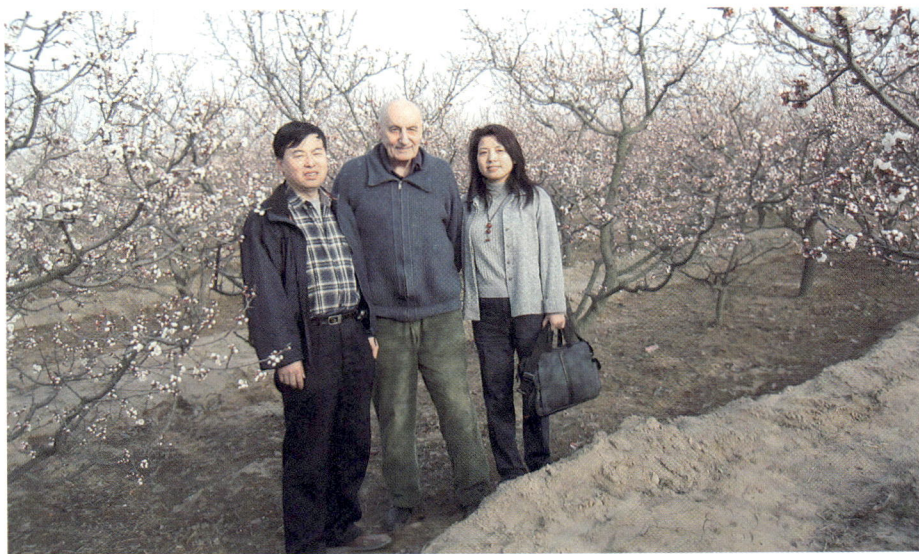

2003 年 3 月 23 日，让与王小英、张斌夫妇在西安北郊桃花园

主任杨晨光，陕西华圣企业（集团）股份有限公司总经理、副董事长李涛，陕西省历史博物馆壁画研究中心研究员屈利军，陕西省友谊医院骨科主任医师王力群等人，便是这样与让结识的。其中，那些很有才华及潜力的年轻人后来便成为让资助留法的对象，很多人因此改变了自己的人生轨迹。

　　让的朋友，不仅有高校教师、知识分子、医学专家、文化精英、政府官员、商界要人，同时，还有广大的底层劳动者。让交友范围之广，令人惊叹。世俗的分类标准在让的

2003 年，让与孙镇蛟（左）、黄英年（右）游览上海东方明珠塔

眼中没有意义，在他看来，这些人都只有一个身份——他的朋友，而且让甚至会更加关心那些底层、穷苦、需要帮助的朋友。让常说："我喜欢老百姓。"

在让所结交的朋友中，最不可思议的是一个警察。那是在让刚刚来到中国不久，德法西

2004 年，殷宝库医生为让做检查

让和朋友在西安卧龙寺与流浪者交谈

　　2005 年 8 月 5 日，让和西安外国语大学原校长、现任中国人民对外友好协会副会长户思社（左）、陕西省卫生厅原副厅长耿庆义在一起

　　2005 年 8 月 5 日，让 85 岁生日，小朋友祝爷爷健康长寿

语系的老师得知让喜欢中国文化，便带让去彬县参观大佛寺。当时"文革"刚刚结束，许多地方对外国人来说还未开放。让未经批准擅自寻访的举动引起了有关部门的注意，公安机关请他去问话。警察询问让去彬县的目的，让坚持说自己是仰慕中国的历史文化前去学习、考察。但是这个如此单纯的答案却始终无法令警察完全相信，盘问还在继续。最终，被逼无奈的让不得已说出自己最不想谈起的家族出身："我的表姐是戴高乐总统的机要秘书，我对中国人民是友好的。"尽管让才来中国不久，但聪明的他早已掌握了这个国家的社交法则，他知道这张王牌在关键时刻是可以帮助他的。让的回答令警察吃惊不已。1964 年，在"冷战"格局下，西方资本主义国家不承认新中国政府，在政治上孤立中国、在经济上封锁中国、在军事上威胁中国。而当时的法国总统戴高乐以超凡的战略眼光，毅然作出中法全面建交的历史性决策，在中法之间同时也在中国同西方世界之间打开了相互认知和交往的大门。因此，作为对促成中法建交这一壮举的法国前总统戴高乐在中国有很大的影响，让也由此得到了公安机关的信任。令人意想不到的是，那位讯问让的警察后来竟与让成了好朋友，在多年之后还亲自来看望让，并带了一双皮鞋作为礼物送给了让。让对这双皮鞋珍视不已，一直穿了很多年。

2. 乐于成人之美

让一辈子广交朋友，乐于成人之美，体现了让对中国传统美德的推崇。曾经为让担任过翻译的赵成勋对此印象深刻。改革开放后，湖北十堰市第二汽车制造厂与法国雪铁龙公司合作，邀请赵成勋去给他们的职工进行法语培训。为方便教学，赵成勋编写了一本汽车制造专业用的法语教材《法语入门》。让在百忙之中，亲自为赵成勋校对了全部书稿，并且还为此书撰写了前言。

让有一台"一次成像"的相机，在 20 世纪八九十年代的中国，这种相机可是稀罕玩意儿，很多中国人恐怕见都没有见过，底片更是昂贵、难买，而让却总会慷慨地把它借给中国朋友使用。当年，赵成勋的家属和孩子在农村生活，善解人意的让便特地把相机和底片借给赵成勋，要赵给家人拍照带给他看。这个举动，除了了解、关心朋友的家人之外，其实也是为了缓解赵成勋的思亲之苦。西外外事服务中心的厨师崔升瑞，与让相识在 1973 年的冬天学校组织的杨家岭会址参观活动中。当时，崔师傅只是觉得这个高鼻子的外国人汉语讲得很好，没想到接触之后，让的平易近人打动了崔师傅，他和让一下子就成了无话不说的好朋友。1982 年，崔师傅的孩子 3 岁生日那天不慎摔伤了，为了给孩子过一个快乐的生日，让就用这架"一次成像"相机给孩子拍照留念。这件小事一直让崔师傅难忘。

西外的水电工邢志强师傅，1997年初到西外工作，便在众人的口中听说让的故事。邢师傅是一名文学爱好者，他常向梁家林老师借阅书籍并交流读书心得，又从梁家林老师处得知更多关于让的事情。大家对让的交口称赞，令邢师傅还未谋面便心生向往。后来，借着帮助让修理家电、处理生活琐事的机会，邢师傅便与让结识了。邢师傅肠胃不好，因此便与同样身患肠胃疾病的让产生了共同语言，两人交谈的内容渐渐从疾病扩展到生活、人生以及对书籍和医学的热爱。让经常用陕西方言与邢师傅交流，这令说惯了陕西话的邢师傅倍感亲切。让待人真诚、平易近人，就像一位时时处处关心晚辈的长者，邢师傅有时候觉得，让对待他甚至比自己的父母还要亲切，就连与让接触不多的邢师傅的弟弟，都能感受到让胜似亲生父母的关爱。让年纪渐渐大了，身体愈加虚弱，西安最炎热的时候，让都无法使用空调，即便是电扇，最低的风速，老人家的身体都吃不消，于是只能忍受着酷热、默默流汗。邢师傅心疼让，便想着为让改装电扇，几经实验，心灵手巧的他自制了一个调节器安装在风扇上，终于为让送来了可以承受的徐徐清风。这件事令让对邢师傅大为赞叹，让鼓励已经不惑之年的邢师傅去搞发明研究，要将他对发明创造的热情保持下去，不要埋没了自己的才华。在这之后，当邢师傅再想为让做一些诸如拖地、打扫卫生的家务时，让都会把邢师傅手中的那些工具抢过去，认真地对邢师傅说："你不要做这个。你的双手是用来发明研究的。"

耿庆义的儿子耿强，很多年前还是陕西电视台的一名记者。他总是听父亲提起让的事情，不由得对这位老人产生好奇与崇敬，加之职业的便利，于是便请父亲引荐，想要去为让拍摄一部专题片，那是在1996年下半年的时候。然而，谦逊的让不愿引起大家的关注，在他看来，他所做的那些事情都很简单、很平凡，没有什么值得夸耀的地方，更谈不上值得记录、宣传。让最推崇道家的思想，他本人便受到道家无为思想的深刻影响。2012年，朋友们要给让出一本纪念册，让依然连连摆手："感谢你们，但是不值得为我这样做，我没有那么好。"早在1996年，让就好言谢绝了耿强拍摄的请求，而是与耿强随意地交谈起来。两人十分投缘，相聊甚欢，就像是结识多年的老友一样。眼看着到了中午，让便留耿强吃午饭，他亲自下厨，做了简单的炸薯条，没有虚假的客套，让就是把才第一次见面的耿强当作知己老友一样亲近地招待。尽管那次采访并没有成功，但是耿强由此与让结下了20多年的不解情缘，成为忘年的莫逆之交。跟让结交越久，耿强越发敬佩让的善举义行，就愈加想要传播让的人间大爱。拍片的机会终于在2006年10月被耿

2008 年、耿强、李刚和让的弟弟在西安再次相聚

强等到了，当时有一个刚刚进入电视台工作的年轻记者魏佳，想要完成一个新闻采访，耿强便推荐让作为魏佳的选题对象。但是不出所料，让再次拒绝了耿强提出的拍摄请求。然而，这次耿强"有备而来"，他告诉让，魏佳此时正在暗恋台里的一位姑娘，如果让同意接受采访，那么魏佳便可以与这位姑娘一同完成这项工作，这是给小伙子提供一个接触心上人的机会，何不成人之美？善良的让一向乐于助人，于是广大陕西观众才得以在电视上第一次看到老人睿智、慈悲的身影和言行。

3. 把友情看得很重

对待朋友给他的礼物，让总是倍加珍惜。在让居住的房屋里，陈设简单、家具陈旧。简朴的客厅，除了书籍满满的两个书架，有一个礼品陈列架特别惹眼，上面摆放着各种各样具有中国民间特色的小工艺品，有小型兵马俑塑像、脸谱、剪纸、书法及绘画作品、中国文物和风景的照片、其他民间手工艺品等，甚至还有孩子稚嫩的图画，那都是学生和朋友们送给他的礼物，但让将之视为自己最珍贵的财富，他

2010 年 8 月，让和朋友们在旅法钢琴家王滨（右）西安的家里

2010 年 8 月，让和朋友们在一起

说："每天我看到这些礼物时，我就特别地快乐。"让珍视这些礼物，除了这些物品本身具有的中国文化特色之外，还因为这些礼物寄托着学生和朋友们对他的深深爱意。

在让的客厅的沙发靠背上方，经常摆放着一个中国娃娃造型的靠垫，那是钢琴家王滨的朋友送给让的，为的是方便老人在沙发上舒服地休息，但让却爱惜地用透明胶带把它贴在墙上，使之成为装饰品，因为他舍不得使用。

赵成勋担任让的翻译期间，让对他关怀备至。赵成勋的母亲为了报答让对赵成勋的照顾，便想送让一些礼物。而赵成勋告诉母亲，让从不接受朋友们送他的贵重礼物，而对礼轻情意重的礼物情有独钟。赵母便想到亲手为让远在法国的

2010 年夏天，让和刘超（左）、夏李（右）在一起

2012 年 8 月 5 日，小朋友为让爷爷戴花环

老母亲做一双布鞋。让非常期待这份礼物，在暑假回国探亲后，便拿来了他母亲的鞋样。赵母细心地纳底缝帮，给让的母亲做了一双中式女布鞋（俗称"千层底"，中国独特的民俗手工)，让的母亲收到后十分高兴，说穿着非常舒服，要让转达对赵家母子的谢意。1979 年，家属和孩子一直生活在农村的赵成勋，有个去陕西汉中陕西工学院工作的机会，这个工作可以把赵成勋家属和孩子的户口迁出农村，使一家人团聚。但当时赵成勋正在做让的翻译，心里很矛盾，一方面是因为舍不得离开让，另一方面则是觉得自己的法语专业会受到影响。让得知此事后，非但没有要求赵成勋留下，反而鼓励他去汉中工作。让对赵成勋说，应当先把家庭问题解决了，这是大事，用法语工作

的机会以后还会有的。在赵成勋到陕西工学院的第二年，让还给他写信，叫他有机会来西安出差时，到西外法语系老师——让在西外的第一任翻译毕胜美那里，取他给赵成勋从法国带回的西班牙产的 UNDEWUNDE 法文打字机，便于赵成勋学习、工作之用。让母亲的鞋样和这台 UNDEWUNDE 法文打字机，都被赵成勋珍视为最珍贵的礼物，至今还珍惜地保存着。让就是这样，与朋友们亦师亦友，全心全意为他们付出。

让一生独身，但他却了解、体谅中国人的家庭观念。让一直珍藏着许多厚厚的、已经破旧到需要用胶带纸固定的通讯录，从最初的 BP 机号码到后来的手机号、邮箱地址，那上面不仅有朋友们的联系方式，甚至还有他们的父母、妻子、孩子等家人的联系方式。让也经常会向朋友们要一些他们和家人在一起的照片，在杨震、贾兰芬夫妇 2006 年拍摄于小浪底水库的照片后面写着："请我最尊重的朋友让·德·米里拜尔教授留念"；陆栋与妻子程天璋 2007 年 10 月于商洛茶山上的合影背面写着："亲爱的让，我们时时记挂你。爱你的陆栋、程天璋"；还有很多让与这些朋友及其家人在一起的合影，这些照片都被让珍藏在自己的相册中。

让对别人给予自己的帮助，永远心怀感激。有一年的元旦，西外法语系的党总支书记任战锋和系主任张平代表系里看望让，顺便送给他一件御寒的羽绒服作为节日礼物。大家都觉得，对这样一位一生都在关心西外并为之作出贡献的外国老专家来说，这点礼物很平常。可是让却异常激动，一再表示感谢，当时就穿在身上给任战锋他们看。经常接触让的耿强说，他从让那里学到很多东西，最重要的就是主动说"谢谢"。无论你为让做了多么微不足道的小事，让也总是说："谢谢你，你对我这么好，多亏有你。"

让在翻阅资料

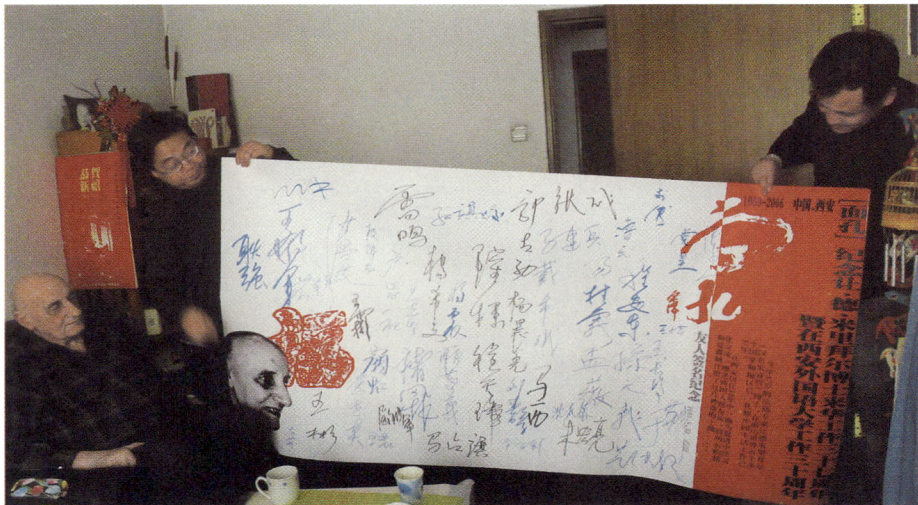

朋友们为祝贺让生日的签名海报

4. 一心为他人着想

让总是时时将他人放在心上，处处为他人考虑。一直在让身边照顾他的张成说："凡事总要为别人着想，是他的习惯。"1996 年 11 月 23 日，西外法语专业在东方大酒店，为让举办一个题为"庆祝让·德·米里拜尔先生在我系从事教研活动二十周年暨法语校友联谊大会"的隆重纪念活动。系里当时已经通知梁家林前去参与。梁家林虽然嘴里答应着，但心里却因为自己身有残疾、行动不便而犹豫不决。没想到，在开会的前一天，让突然出现在梁家林的办公室，亲自郑重其事地邀请他去参加庆典活动。更令梁家林出乎意料并且异常感动的是，让居然取出一张 50 元的钞票，一边递给梁家林一边说："你去不方便，到时坐出租汽车……"梁家林吃惊之余，当时便保证自己一定会去。他并不需要让的钱，但让还在坚持，直到梁家林说"如果不收回钱，那么我可就真不去了"，让才把钱收回。让真心实意、坦诚地面对朋友，从没有虚情假意的客套。

在一些生活琐事上，让同样始终为他人着想。让家里经常会有许多朋友来，他住的西外专家楼，是最早在室内铺设地毯的公寓，为了不使来访的中国朋友不舒服，让亲自揭掉了地毯，令自己和大家一样，不享受特殊待遇。有一名来自非洲的黑人外教初到西外，让便主动要邢师傅把自己冬天取暖用的"小太阳"送给这名外教，因为让担心他不适应西安寒冷的冬天。让不爱吃麦片，耿强不了解这个情况，一次为他做饭时煮了麦片，让并没有说什么，而是高兴地吃了下去。耿强还炸了薯条，但是油放得多了些，导致肠胃不好的让晚上拉肚子。但是让却一再叮嘱当晚照顾他的张成，不要将此事告诉耿强，怕他自责。

让热情好客，非常喜欢朋友们到家里来。每当有朋友来拜访他，他总会说："欢迎你到我的家来，这就是你的家，你想做什么都可以。"让完全信任他的朋友，一些与让关系亲密的朋友，例如耿强、杨晨光和李涛等，还有常年在身边照顾他的学生夏李、刘超、张成等，都有让家门的钥匙。在西外外事服务中心的前台，让也会放一把钥匙，为了方便朋友们到他的家里来。

5. 爱生如子

让一生未婚，没有子女，这件事时常令中国朋友感到困惑：古稀老人，无家无嗣，这对于大多数中国人来讲难以接受，但对于让来说，却完全不是这样。让说，他不结婚，是因为他担心有了家庭，他的爱就会变小，而独身的他，可以有胸怀天下的大爱。让常称呼他资助的那些留法学子为"我的孩子"，让也确实一直把这些年轻人当作他的孩子来对待。有一次，朱卫民去让在中国的家里拜访让，让发现朱卫民衣服的袖子破了，于是便拿出自己的针线包，非要为朱卫民缝补衣服。朱卫民过意不去，心想怎么能让这么大年纪的老人为自己做这件事呢？于是抢着说："我自己来。"但让却不答应。他们两人就争夺起这件衣服，可是年轻人最终还是没有拗过老人家。让一边缝补朱卫民的衣服，一边笑着说："你是外科大夫，你没有时间，你很累，我做这个很容易。你是我的孩子，我愿意为你做这件事。"看着让聚精会神地舞动着那双并不是非常熟练的大手，朱卫民感动不已……

让没有孩子，但他对待学生和年轻的朋友就像对待自己的孩子一样。他一生节俭，却在帮助学生方面毫不吝啬，他不仅慷慨资助留法学子，在国内的学生家庭遇到困难的时候，他也会毅然伸出援助之手，用自己微薄的工资帮助他们的家庭、资助他们继续上学。40载沧桑，让帮助了很多中国穷苦人家的孩子，先后资助了10余位西安外国语大学的贫困学生完成学业。用让的话说就是："给每个人一个平等的机会，让人起飞。"2009年秋天，让生病住进西安友谊医院，按照病情，医院要求多住院观察几天，可让却坚持要求出院，他说："不需要浪费钱在医院，需要用钱帮助人起飞。"

让乐善好施的义举在西外广为流传，感动着许多学子。

在让年事已高之后，学生们自发前来照顾让，学长毕业之后，学弟们就会主动接班，届届相传。几乎是一拨又一拨的学生，陪让度过了在西安的日子，刘超、夏李和张成便是其中的代表。而较之他们对于让的照顾，让给予他们的关怀更多，孩子们都亲切地称呼老人为"让爷爷"。刘超清楚地记得，有一次他去为让爷爷买菜，突然间下起了大雨，当刘超拎着菜篮落汤鸡似的刚一进家门，让爷爷就端来了一杯温热的红酒。更让刘超泪流满面的是，让爷爷还在他的大椎穴用口送热气的方法为他驱寒。那一刻，刘超突然觉得自己在西安有了"家"，而让就是他的亲生爷爷！直到如今，每每想起这一幕，刘超都会感动落泪。当让爷爷得知刘超家里有两个大学生、一个中学生，经济十分困难时，他便主动解决了刘超的学费问题，让他能安心地完成本科学习。在刘超准备考研时，让又另外多拿出 800 元生活费给他。刘超推脱不要，让却坚持要刘超收下，他对刘超说："你需要生活。"2009 年，刘超以第一名的成绩考上陕西师范大学的硕士研究生，他由衷地感激让爷爷，如果没有老人家的资助与鼓励，他真的很难坚持完成学业，更不用说攻读硕士学位。

让对这些孩子的关怀，还惠及他们的家人以及朋友。2010 年冬天，夏李的父亲病重住院，在这个家庭遭遇极大危难的关键时刻，让爷爷毅然决然地向夏李伸出了援手，资助了夏李父亲的治疗费用。随后，让爷爷还继续资助了夏李 2011 年的学费，帮助他继续学业。同样是在 2010 年，刘超一位朋友的父亲病重入院无钱医治，让爷爷便倾他所有予以帮助。而这些善行，让爷爷却总是叮嘱孩子们"不要说"，因为他认为自己做的这一切，都十分平凡、不值一提。

让对他人无私帮助，自己却从不注重物质享受，他的生活是一种建立在精打细算上的简单纯粹的状态。多年来，他生活简朴，节衣缩食，却把省下来的钱财用来帮助需要帮助的人。让一直对自己为数不多的财产进行着详细的计划，他精确到每一块钱，除了买书，这些钱用在他自己身上的非常少，大部分都节约下来，用于帮助他人，这是让认为的钱财最合理和有意义的用途。许多年来，让就是这样严格规划着自己未来的生活，才从自己身上"压榨"出一笔笔善款。他没有什么积蓄，只有一张中国银行的银行卡，接收法国政府定期给他汇来的退休金。这张银行卡关联着数个慈善组织机构，每到让退休金到账的日子，其中的一部分钱就会自动按照预先设定好的数额流向各个渠道，开始慈善运作。

一直陪伴让爷爷到生命终点的张成说："他在生活中非常简朴，家里除了书很少买东西，但他对别人却非常慷慨。"让正是这样，对自己吝啬，却将慷慨奉献给他人。他绝不是吝啬的人，而是无私忘我的人。他出身贵族，却从不追求贵族式的生活，而是有一腔慈爱悲悯的平民情怀，他名字中间的那个"德"字，激励他最终成为精神上的贵族。

6. 用"微笑"传递人间大爱

让的客厅中，有一把样式陈旧、人造革包面的椅子，由于年代久远，表面的人造革已经开裂。每当朋友们来看望让，他总是坐在客厅角落的那把椅子上，微笑地看着所有人，倾听着他们的谈话，大家畅所欲言，随便聊什么，哪怕与让无关，他也会静静地倾听。让的微笑具有巨大的魔力，令人感到亲近，并感受到心灵的沟通和交流。大家很多时候来到让的家里，只是为了跟他多待一会儿，哪怕什么也不说，看看他的微笑，生活中遇到的所有困难就会烟消云散。让多年的好友陆栋从最初与让相识就发现，让每次与人见面，都会向对方微笑示意，然后才开始工作。陆栋起初很不理解，这个外国人为什么这么喜欢笑？渐渐地，陆栋明白了：正如让的朋友、诺贝尔和平奖获得者特蕾莎修女所言："微笑是爱的开端。一旦我们彼此有了爱心，我们就要去做一些事情。"几十年来，让一如既往的微笑，向陆栋生动而深刻地诠释了特蕾莎修女的话，让对所有人都是以笑示意，使人真切地感受到，他笑容背后的仁爱，他每一次的微笑都是在传递着问候和敬意。微笑就是他叩问人生的一种方式，它使人们可以倾听自己生命的声音，也使得人们去满足自己生命的单纯需要。

一个秋天，联合国农业专家米歇尔·格罗洛到西安来拜访他的老朋友让。西外校园里落叶飘零，勤杂工人正在清扫树叶。在米歇尔与让快走出校门时，让认出了其中一位工人，便引着米歇尔一同向他走去。米歇尔注意到，这个清扫工人身材高大，穿着十分朴素，因为想认真做好工作，也因为衰弱和劳累，他躬身弯腰在干活。一看见让和米歇尔，清洁工人就立刻直起了身子。在让心照不宣的微笑面前，他那布满皱纹的脸上也顿时绽开了笑颜。离开时，让用眼神告诉米歇尔，他们刚才遇到的是一位有着天使般微笑的"善人"。

让的朋友遍布天下，有金石之交、莫逆之交、布衣之交，还有忘年之交等等。人们与让结交，并不仅仅是因为他的地位，更多的是钦慕于

让把朋友们送的礼物认真地摆放在书架上

他的人格魅力。陆栋和朋友们常给让打电话，问他生活上需要什么东西，而让却总是微笑着说："我什么也不需要，我只需要你们。"在让的眼中，友谊是天底下最珍贵的礼物，他毕生的追求是精神财富和朋友。

让在给朋友打电话

第五章
一颗热爱中国的心

1976 年，让刚来到西外工作时，和所有西外的职工一样，住在家属楼。1984 年，在让即将退休的时候，学校为了改善外教的住宿环境，特意修建了专家楼，从此，让在这栋新建的二号专家楼一单元二层的 401 居室里一住就是 31 年。让感谢中国给予他永久居留权，令他可以在中国安家，也感谢西外给了他一个"家"。每当有朋友到让的住所做客，让总会说："欢迎你到我的家里来。"

让在中国度过了自己的后半生。近 40 年来，他对中国的热爱非但没有一天倦怠，反而如陈年老酒，历久弥香、醇真醇美。让时常对身边的朋友们热情洋溢地说："我选择了中国，我的选择是正确的。我很骄傲，我是中国人！"

1. 为人民服务

1976 年 9 月，西外德法西语系主任王克坚陪同初到西安的让游览陕西延安。在红色革命老区，让了解到毛泽东当年为纪念张思德提出了"为人民服务"的思想，他由衷地认同并喜欢这一思想，决心用自己的行动去践行这一思想，想着为老百姓做些事情。从此，便开始了他在西安、在中国的爱心漫旅。

让来到西安时已年近花甲，但他在乘坐公交车时，经常会主动给老人、妇女让座。还有一次，让乘坐公交车时，发现一个残疾人由于人多拥挤而无法上车。于是，让凭着自己高大的身躯，站在车门口，伸开双臂拦住拥挤的人群，高喊着："让他先上车，学习雷锋。"让的这个举动感动了周围那些原本挤着上车的人们，他们纷纷停下，为那名残疾人让开上车的通道。

让退休前经常骑着自行车出行，走街串巷，熟悉环境，了解民情，救济穷人。因为有爱，所以有阳光。无论走到哪里，让总是给人以温暖。在西外教师姚塔尔的记忆中，发生在1977年的一件事始终念念不忘。当时他和让一起进城办事。他们骑自行车走到南门附近时，让突然下车停住了。大为不解的姚塔尔跟着下车一看，原来他们旁边的一个下水道的井盖不见了，眼前那个圆圆的黑窟窿很深，十分吓人。让说："这太危险了，我们需要做一个标志，防止有人掉下去。"让说着，把自行车横挡在井口前，在周围找来砖头围着井口垒起了防护墙。两人很快做好了这件事，让看着安全了，脸上深锁的眉头才松开了，露出了慈祥的笑容。

让在西安做的好事很多，很快在人群中传播开了，说咱们西安来了个"洋雷锋"。可是，当有记者找到他，希望采访他的感人故事时，这位德高望重的老人却连连摆手说："不值得一提，不值得一提。因为，这是每个人都应该做到的事情！"了解让的朋友们都知道，让最不喜欢人们说这些事了。让从不去宣扬什么大道理，他只是实实在在地行动，从最底层的小事情做起、从帮助每个人做起，用生活的细节去展现他内心深处对善与爱的追求、对和谐社会的呼吁、对美好世界的渴望，这便是他的使命。即使面对再大的挫折，让也会以自己强大的精神品质战胜焦虑，传递正能量。邢师傅说，让总是无形中给人以力量，和他接触，就像一缕阳光一股春风，温暖细腻。让对崇高精神生活的追求，令人无限感慨。

2. 把穷人的痛苦放在心上

初到西外时的延安之行，让也亲眼目睹了"文革"后期中国农村的艰苦生活。那些面朝黄土背朝天的农民艰辛劳作的场面，深深打动了让，他主动要求与农民一起劳作，亲身体验他们的辛苦。这一次经历，使让对中国的农民产生了一种执着的爱。在让生前最后照顾他的学生夏李看来，让万般喜欢中国的老百姓，特别是中国的普通老百姓——农民。让时常说，没有中国的农民，就没有中国的农耕文明，也就没有中国几千年来的优秀传统和文化。

让对中国老百姓的关心，也具体表现在他在古城西安街头的各种善行之中。西安钟楼，位于西安市中心，明城墙内东西南北四条大街的交汇处，是中国现存钟楼中形制最大、保存最完整的一座。建于明太祖洪武十七年（1384年），初建于今广济街口，与鼓楼相对，明神宗万历十年（1582年）整体迁移于今址。钟楼是西安地标性建筑，其周围为西安商业繁盛之地，也是流浪、乞讨者的常聚之地，而这些人是让固定的援助对象。即使朋友们一眼就可以看出这些乞讨者中有些是利用人们善心的职业乞讨者，但让依然会不顾朋友们的劝阻，坚持要给他们钱帮助他们。在让行动还很便捷的数十年里，每天傍晚，他都会带着换好的 5 元、10 元的零钱，骑着自行车到繁华的小寨或者南门这些乞讨者经常出没的地方，遇到需要帮助的人就慷慨解囊。据晚年一直守在老人身边的张成回忆，有一次，让和朋友们一起去小寨吃饭。他搀扶让上楼梯时并没有看到路边的一名乞讨者。吃完饭回家后，让又自己偷偷打车去了小寨天桥，把钱给了那位乞讨者才安然回家。到了冬天，让还会去给躲在城门洞中取暖的流浪者发放食物和御寒的衣物。他老了，行动不再方便了，就会让张成替他去做这些事。让总是穿着陈旧的衣服，但他会把好一些的衣物攒起来，送给那些素昧平生的穷苦人。

有一年的圣诞节，西安下了很大的雪，让邀请朋友们到黄鹤楼酒店吃饭。席间，朋友们注意到让的脸色不好，以往总是面带微笑的让在这天一直面无表情、意兴阑珊。晚上回到家之后，让在客厅他常坐的那把椅子上枯坐了一夜，他失眠了，他开始思考是不是要回到法国去。令他产生这样思考的原因是，在去黄鹤楼酒店的路上，他看到一位白发苍苍的中国老太太，在大雪纷飞中捡拾垃圾。让很痛心，他非常想为这位老太太做些什么，然而同为老人，有很多事情，他也已经无力去做。让突然觉得，自己留在中国已经不能为这个国家做些什么了，他想了一夜，决定回到法国去。第二天，放心不下让的李涛、杨晨光等朋友来到让的家中看望他，几经追问之下，让说出了自己的苦恼，并与朋友们商量回法国的事情。朋友们惊愕之余，当然舍不得让，纷纷劝说他，并向他保证："你做不到的事情，我们会帮助你完成。"让痛苦了一夜的表情，这才露出了微笑，也终于打消了回法国的念头。

3. 心系山区贫困学子

耿强非常了解让，他知道让一直的心愿，就是帮助老人和孩子。于是，他想到自己过去在陕西省安康市工作时，了解到安康一些贫困儿童上学困难的情况，于是便萌生了与朋友们一起做一个捐资助学基金的想法。恰好此时遇到让的苦恼，耿强便将这个想法提了出来，让当即高兴地表示支持，并立刻决定拿出捐助金。本来耿强还在犹豫这个基金如何命名，忽然想到让给自己起的中国名字"米睿哲"，便脱口而出，就叫"米睿哲中国爱心教育助学金"吧。大家也觉得再也没有比这个更合适的名字了，因为正是在让的大爱精神的感召下，大家才决定立即展开这个行动，当然除耿强外，让的其他朋友也积极地参与进来。

2011 年 11 月 8 日，年事已高的让行动不便，耿强和西安市慈善志愿者联盟理事长全永锋、西安外国语大学学生刘

2011 年 11 月 8 日，耿强、刘超代表让在石泉县曾溪小学发放助学金

超一行三人，代表让来到陕西省安康市石泉县喜河镇中心小学，向 13 名贫困学生捐赠了第一批爱心助学金 9840 元，并表示要出资帮助这些贫困学生完成小学学业。

90 多岁高龄的让，从此便将这些孩子放在了自己的心上，他时刻关注着被资助学生的学习、生活情况。2013 年 11 月 21 日，让再次委托耿强、西安爱心义工田文科及其法国好友 Pierre Vuong（王钧）、阿诺，不辞辛苦，跋山涉水，来到喜河镇中心小学，亲切看望受资助的 13 名贫困学生，为孩子们送去了生活资助金和学习生活用品，并和他们亲切交谈，了解他们的学习、生活情况，鼓励他们好好学习、健康成长。当朋友们将孩子们的反馈带回给让，让感到极大的快乐，他甚至不顾衰老的身体状况，想要亲自去看一看这些孩子。在让生前，"米睿哲中国爱心教育助学金"累积捐款共计 2 万元，资助这 13 名贫困学生直到小学毕业。钱数虽然不多，但已经倾尽了这位老人全部的积蓄。

很多人都看到了让给予他人的帮助，却往往忘了去问，他为什么要几十年如一日、如此尽心尽力地帮助他人？除了他自己内心深处的追求之外，是否有什么外部力量支持他一如既往、善始善终？答案很简单，就是朋友。法国有一句谚语，"你告诉我你的朋友是谁，我就知道你是谁"。让和他这些亲密的中国朋友们是互相成就的，让通过他的善行义举感动着朋友们，以他的高尚品德和人格魅力影响着他身边

喜河镇中心小学同学们用自己的方式感谢让爷爷的帮助

2013 年 11 月 21 日，王钧（右一）和阿诺（右二）代表让到石泉县曾溪小学看望让资助的小学生

的每一个人，每个人也都能感受到他的善良、他的毫不利己专门利人的精神。这些朋友们在让的精神品格的感召下，用自己的行动再去回馈社会。而同时，这些中国人也在用自己的行动感染着让，令让深切体会到中国人的温暖，使他逐渐将中国这个"第二故乡"当成唯一的家。让的亲人曾经不理解让要在中国永久生活的决定，但当他们来到西安、结识了让的中国朋友们之后，便完全明白了——一个老人在法国是不会有这么多人陪伴的，但他在这里有这么多朋友，西安的朋友们给让组成了一个大家庭，你们是让留在西安的原因。让留在西安，就是留在家里，他的家就在西安。

4. 感受中国百姓的温暖

来到西外教书的第二年，让便提出不再领取学校的工资，只领取法国政府发给他的补贴，因为他要"与中国人民共同经历最困难时期"。但在中国经济好转之后，让依然没有再领过中国一分钱的工资。他说，要把这份钱贡献出来，用在更需要的地方。即便法国政府发的补贴，乃至后期的退休金，除了资助留法学子、帮助身边的朋友之外，让也慷慨解囊、广行善事。

让的善行，时时感化着许许多多的普通百姓，大家都自发地为这位法国老人做一些力所能及的事情。20世纪七八十年代，作为让喜爱的主食切片面包很难买到，但西外外事餐厅的工作人员却特意帮让去西安饭庄购买，一直为他提供。让身高1.9米，从商场买来的被子总是不合适他的身

耿强和杨晨光协助让整理资料

材，不是盖不住肩膀就是盖不住脚。杨晨光的母亲便亲手为让缝制了一床超长的被子，让终于可以在夜晚获得舒适的睡眠。让脚上穿的布鞋，都是夏李的母亲亲手缝制的，一针一线充满了心意，穿很多年都不曾坏。让欣赏邢志强的巧手技艺，如父亲般对待他，而邢师傅也像亲生孩子一样孝顺让，甚至远胜于亲生孩子。从2013年开始，邢师傅就经常到让的家里照顾他，为让推拿、按摩。在让服用中药调理肠胃期间，由于让家中没有可以熬制中药的砂锅，邢师傅便天天在自己家中为让熬药。在让生命最后的岁月中，邢师傅更是一直伴随在让的身边。此时的让身体非常虚弱，已经很难接受口服药物治疗，于是，通过自学对中医有所了解的邢师傅便采用肚脐贴膏药的方式缓解让的病痛。邢师傅还知道用葱根泡水洗脚有利于通便的民间土方法，便使用这种方法并亲自给让洗脚。让的很多朋友，也都曾为让做了许多事情。除了生活琐事方面的照顾，当年事渐高的让对其他一些事情感到力不从心时，朋友们也会及时地伸出援手，帮助他去完成他的心愿，比如继续中法交流、资助留法学子、救济贫困者，当然还有创立"米睿哲中国爱心教育助学金"。正是这些中国朋友，令让感受到家人一般的关怀。让在短文《一个西方人的感谢》中写道，"感谢30年来无数的朋友，他们关心着我，帮助着我，支持着我，他们帮助我发现深藏于中国的，特别是深藏于西安的奇迹"。

"个个人心有仲尼"，是王阳明的圣人观，也是让对生命的理解，也促使着让与中国人的互动。让用他的善行感动着中国人，同时，在中国人的身上，他也看到了很多"本心之良知"的光辉，反过来令他更加坚持善行，去回馈这个国家和这里的人民。由此，我们也终于可以理解，中国文化中令让崇拜的究竟是什么。让认为，中国的光辉在于她孕育出的思想家，如在楼观台写出《道德经》的老子；在于她的医学家，如写下不可磨灭的《千金方》的孙思邈；在于她的艺术家，他们创造出令人惊叹的青铜器、兵马俑和壁画。但中国最重要的光辉在于她的人民，他们充满着不可思议的智慧，创造了数不清的伟大奇迹，这些奇迹将永存于全世界人的记忆中。

5. 敬佩中国人的牺牲精神

让关心资助百姓的生活，更赞美他们的牺牲精神。让特别喜欢朋友们给他讲述中国的好人好事，他也曾多次说过希望出版一些中国好人好事的书籍介绍给国外。在一篇题为《隐藏的中国面孔》的短文中，让写道：作为一个生活在 21 世纪的 87 岁的老人，我发现了一个使人惊奇的事，几个月以前，有一位 93 岁的中国老人去世，他拥有一部三轮车，他的生活极其简单，但在他活着的时候，他不断地给那些一无所有的年轻人提供经济上的帮助以使他们完成学业，中国人民中出了如此的榜样！这样的人民令我佩服和尊敬！

让文中写到的这位中国老人，就是蹬车支教近60年、捐赠35万元善款、圆了300个贫困孩子上学梦的天津老人白方礼。这位老人每天在天津火车站迎送过往的旅客，并把注意力集中在那些有特殊困难的人身上。他那辆破旧的三轮车上挂着一幅写着"军烈属半价、老弱病残优待、孤老户义务"字样的小红旗，还对部分乘客实行价格优惠。就是这样，他把自己每日高一脚低一脚，不分早晚、栉风沐雨，用一滴滴汗水积攒出来的每一分钱都捐助给那些莘莘学子。在白方礼十几年的蹬车支教历程中，还先后为中国青少年发展基金会、第43届世乒赛、市养老院等捐助款项。白方礼曾经对南开大学的老师说："我这样一大把年岁的人，又不识字，没啥能耐可以为国家做贡献了。可我捐助的大学生就不一样了，他们有文化，懂科学，说不定以后出几个人才，那对国家贡献多大！""好好学习，好好工作，好好做人，多为国家作贡献"，就是老人对那些受他资助的孩子们的朴实要求。这要求与让对他资助的留法学子"回国服务"的期待与希望何其相似！当白方礼成为央视"感动中国2004年度人物评选"前20名候选人物之一时，他却说"我嘛都没干，又叫上面重视了"，这也令我们想到让常说的"我什么也没做"，"不值得一提"。这两位中法老人素未谋面，但他们的精神追求却如此契合，这都是因为他们心怀人间大爱！白方礼并不知道在他去世之后，有一位法国老人被他深深感动。但让却知道，要用自己的力量，继续那位中国老人的爱心奉献。

1998年，中国南方长江流域爆发特大洪水，灾情严重。让每天都会关注电视及报纸，了解抗灾的情况。看到解放军抗击洪水、救助百姓的新闻报道，让连连夸赞解放军是圣人。2012年5月12日的四川汶川大地震，不同程度地波及了西安地区，任战锋代表学校和院系前去西外专家楼看望让，让深弯着难以挺直的腰慢慢地站起来表示欢迎，好久不见，无情的岁月弯曲了让高大的身躯，但他却还坚持着对朋友表示尊重的礼仪。让拿出5月16日的《华商报》，指着上面有关汶川地震的报道给任战锋看。他不时擦着眼角，表情肃然地念叨着："太悲惨啊……太惨了……"接着，他又指着版面上一个解放军战士背着小孩子的图片，伸出大拇指称赞："中国了不起，解放军了不起！"

在中国多年来的经历与见闻，令让对中国人充满了深情与赞叹。在他2013年撰写、后来镌刻在纪念碑的诗文"中国人"中写道：

走近中国人，
就是通过数千例证，
发现其卓绝的勇气。

这勇气来自农夫，

尽管会有焦金流石、洪水方割，

他们仍不知疲倦、

坚持不懈地每日劳作。

这勇气来自工人，

他们冒着各种风险。

建设着

摩天大楼。

这勇气来自士兵，

地震后，

他们为了营救生命，

不计个人得失，

舍己献身。

在让看来，那些终日坚持不懈劳作的农民，那些建造摩天大楼的工人，那些舍身救人的解放军战士，都是他的诗中写到的"数千例证"中的一员。他身边的中国人，令他深入了解了这个国家，深深爱上了这里的人民。他在1999年所写的一首题为《致中国人民（1969—1999）》的诗，就用饱含深情的语言，表达了心中对中国——他的"第二故乡"的热爱之情：

30 年生活在中国人中间，

30 年中我发现了中国人所具有的非凡才能，

这是我一生之大幸。

他们双手的灵巧，

他们思想的独特，

他们心灵中蕴藏着珍宝。

中国人灵巧的双手，

怎么能不为他们灵巧的双手而惊叹呢？

中医的双手，

精确地将一根根细针，

刺入人体某些难以确定的穴位，

使生命之能或精气得以重新流转，

从而医治病人的痛苦。

外科医生的手极其灵巧地接上断掉的手腕或指头，

以无比的耐心再造被烧毁的面容。

书画家的双手转瞬间以高超的技艺，

创作出奇美的书法、肖像和壁画。

雕塑家的双手揉着黏土，

给后世留下秦始皇兵马俑那样完美逼真的面孔和情态。

园丁的双手无比细致地，

装点城市的公园和单位的绿地，

还有广大工人农民大众的双手，

他们冒着严寒酷暑和各种各样的危险，

在田野里劳作，

穿山洞，开矿山。

在城市里建起座座高楼大厦，

其中上海尤其令人难忘。

让说："我认为中国人民的聪明、智慧和勤劳，在这个世界上是无与伦比的。特别是中国人在很早时就能制作出那么美的青铜器和瓷器，我感到特别惊讶。因此可以说，是中国人灵巧的双手、聪明的智慧和善良的心，吸引我到中国来的。"从这些朴素的话语中，任何人都能够真切地感受到让这位法国老人一颗热爱中国的心。

6. 对中国爱得深沉

在改革开放初期，让就经常对自己的学生、同事和朋友说，中国的经济发展速度很快，改革一定能成功。那时，让还操着不很标准的普通话，用手势比画着说："中国的经济发展就像火箭升空一样，过不了多少年，一定会超过法国和西方其他国家的。"当时让的这些话语一度被大家认为是冠冕堂皇，说说而已，但多年之后，人们才终于体会到这是老人真实的心里话。而 30 多年后的今天，中国也确如让所预言的，发生了翻天覆地的巨变，人们不得不钦佩他的睿智与远见。

让也关注着中国在发展中出现的问题，但他依然信任中国，积极乐观地将这些问题当作发展必然经历的阵痛。一次，让在法国遇到一名从前的学生，学生向他谈起对中国现状的抱怨与批评。让却坚决不同意这名学生的观点，积极为中国辩护。在旁人看来，那名中国学生倒完全像个法国人，而让却是一个中国人。

很多朋友都对让以模拟飞机起飞的手势来形容中国的快速发展印象深刻。让说，中国就像一架高速起飞的飞机，飞机上的乘客发生争吵，是很正常的事情。所以中国发展中遇到的问题都是正常的，不必恐慌，更不能因此就对这个国家失去信心。让就是这样，对任何事物的看法总是可以抵达本质，而不停留在肤浅的表面。

不论任何时候，让都对中国充满希望，他对中国爱得深沉，让认为："中国人热爱和平，中国没有发动过侵略战争，中国有老子、孔子，有深刻的思想和伟大的智慧。"这个东方的文明古国在他心中是那样的可爱，而对于他出生的西方社会，他却屡有批评之言。温文尔雅和激进尖锐在让的身上完美糅合，他待人处世总是仁慈温和，让身边所有的人如沐春风；但提及西方一些不合理的现象，尤其是政府崇尚物质的一些不恰当行为，他总是大声表达出自己的不满。

他赞扬中国的改革开放政策，却经常批评法国政府，特别是法国政府在中法交流的一些关键问题上采取的不当行为，令让总是义愤填膺。在法国总统萨科齐会见达赖以后，让立刻给萨科齐发了一封批评的邮件，并发动他在法国的朋友，展开签名行动，反对萨科齐。萨科齐及法国政府的这次行为，在让看来是极大的外交失误，他说法国政府"笨得不得了！"应该"打屁股"。

2008年，奥运火炬在巴黎的传递活动受到"藏独"分子的阻挠，一时间，法国人议论纷纷。在让看来，法国新闻宣传片面，很多法国人在中国问题上不知道真相，用他的话说就是"很不清楚"。这件事令让忧心不已。让曾经资助赴法学习并留在法国医院工作的骨科医生朱卫民，非常了解让，于是急忙给让打电话告知，他在法国如何给法国人做解释工作，帮助身边的法国人了解事情的真相。让表扬了朱卫民的行为，说："法国还需要一万个像你这样的大夫。"朱卫民明白让的意思，让是想表达法国人非常需要这方面的帮助。

当年，像对所有经由他帮助留法的学子一样，让也希望朱卫民可以学成归国，为中国人民服务。但由于一些特殊原因，朱卫民留在了法国，让并没有强求，只是说："是你的事，你作决定。"但朱卫民明白，让在心中对自己是有责怪的。但这次的事情使让发现，原来留在法国也能为中国做事，法国也需要一些中国人来充当中法交流的使者，为两国人民架起友谊的桥梁，他终于释然了。让是那样地深爱着中国，在他看来，中国的命运与他息息相关，他一心一意想的全都是中国！

让的职业是一名教师，对于教育乱收费现象深恶痛绝，几乎每次见了西外从前的同事、领导都要向他们反映。他总是同情农村的贫困学生，认为对这些学生不应该收费，否则会埋没了人才。让得知，在一些爱心人士的倡议及帮助下，贫困地区的学童中间正在展开"免费午餐"的活动，他非常高兴。"免费午餐"是由邓飞等 500 多名记者和国内数十家媒体联合中国社会福利基金会发起的民间公益项目，这件事令让再次感受到中国人的善良与团结。对一些在新闻媒体上看到的、听到的贪污腐败现象，让非常反感。那些遭遇矿难的煤矿工人也会让他揪心得吃不下饭。让经常向朋友们了解农民工的生活条件、工资情况以及生产安全问题，他特别关注农民工讨薪维权的现象。当得知政府正在积极解决、保障农民工的合法权益后，让连连点头，表示理解和满意。

让对中国老百姓充满了最深挚的情谊，所以，在让的心目中，中国有几位好总理，因为"他们爱人民，人民爱他们，人民笑他们笑，人民哭他们哭，他们都是非常伟大的国家领导人，特别是周恩来，他的思想和行为，其实就是今天的和谐社会所遵循的原则……"普及医疗保险、解决农民看病难，免除农业税，这些在让看来"是了不起的进步"。让说："这么多年，我看到了中国的发展，中国是世界的希望。"

一度，让也对中国高楼林立、到处谈钱的变化感到忧虑，他担心中国会迷失了发展前进的正确方向。1994年，让的朋友、联合国农业专家米歇尔·格罗洛到访中国，来西安看望让。让带米歇尔去参观兵马俑，这是两人第二次去那里参观。和1987年第一次参观不同的是，这一次，两人遭遇到了一群又一群兜售旅游纪念品的青年人的纠缠。让起初微笑着拒绝，但在他们再三强行出售的情况下，让由不耐烦到越来越恼火，最后终于"爆发"了，他用汉语高喊一句"够了！"然后告诉米歇尔："我们快进展厅去。"显而易见，旅游业中唯利是图现象的出现使让感到了厌恶，因为他在大众旅游业的发展中预感到了精神状态的变化。在他看来，这种变化和中国重新找回的民族尊严的纯洁和高尚是全然相悖的，以至于他对米歇尔说："这样下去，中国很快会失去灵魂。"让的忧心，在今天看来，不正切中了中国社会发展所面临的诸多问题的要害吗？他是真诚地希望他所深爱着的这个国家能够健康发展。正当不少人只关心、关注自己个人的得失时，他却始终如一地专注于怎样使这个世界变得更美好。

让，是一个博爱的人。身为一个法国人的他，却拥有一

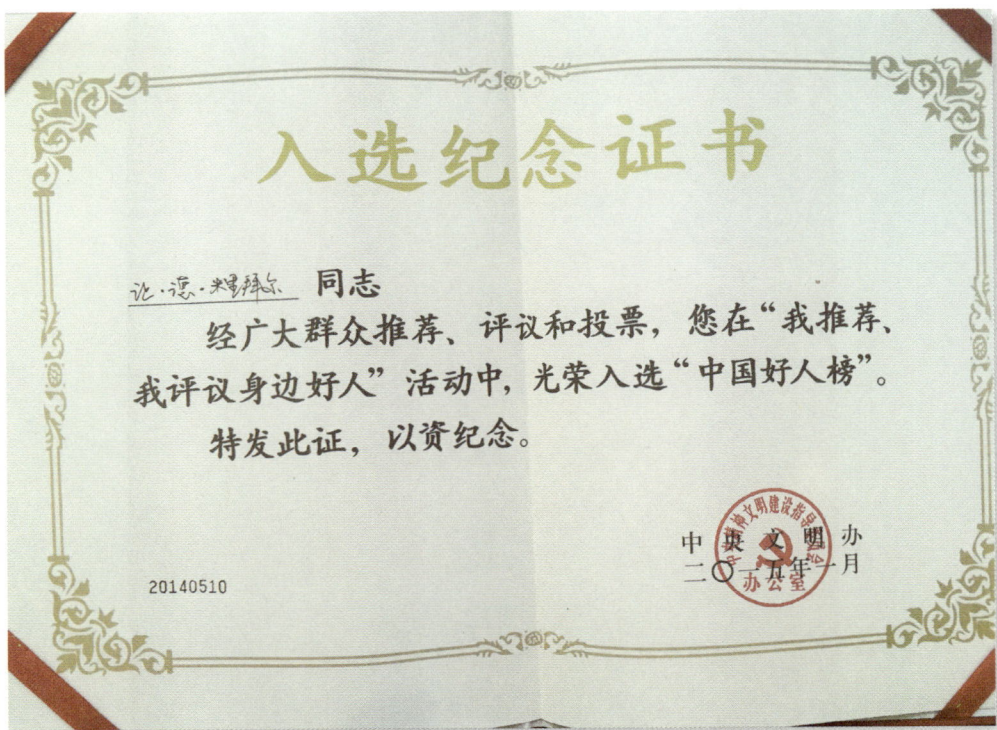

让入选"中国好人榜"纪念证书

"我推荐、我评议身边好人" 活动

中国好人榜

入选纪念证书

中央精神文明建设指导委员会办公室

2008 年 8 月 5 日，朋友们祝贺让 90 华诞

2008 年 8 月让 90 华诞，原西安外国语学院院长孙天义前来祝贺

1980 年 10 月，让的家人和西外领导在西安

陆栋（右三）、李刚（右五）陪同让和家人在黄河边

让和妹妹、马西在西安

让的外甥在西安

让和西外厨师崔升瑞

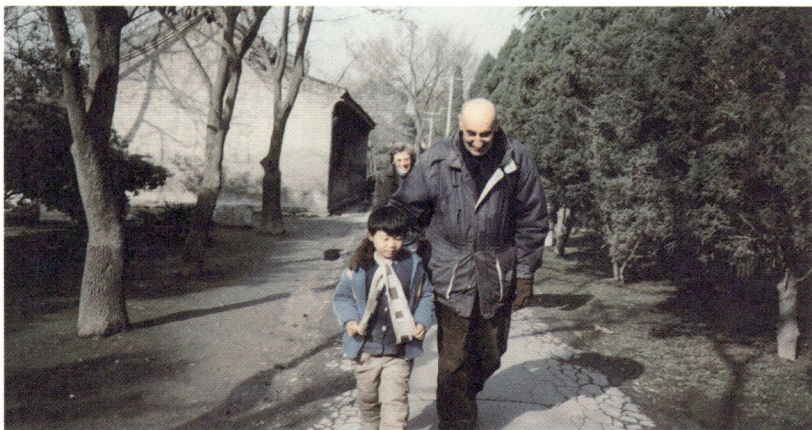

让和朋友在西安卧龙寺

颗中国心！2014 年 8 月 5 日，由中央文明办主办、中国文明网承办的"我推荐、我评议身边好人"活动中国好人榜名单揭晓，让因陕西省的推荐而上榜，被授予"中国好人"的称号。这一天，恰好是老人 95 岁的生日。

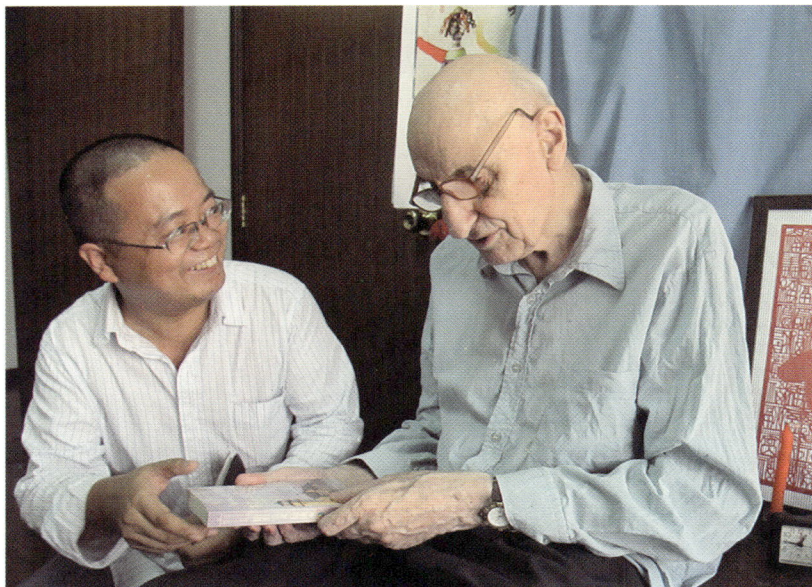

让向杨晨光医生赠书

让和王力群医生在一起

第六章
魂安第二故乡

无情的岁月终究令让不得不承认他已经老了，"我是个老人，请多原谅"。这是让晚年常说的一句口头语，但让还在坚持不懈地与时间赛跑、与岁月抗争。

1. 桑榆晚情

每个冬日里的清晨，有晨练习惯的邢志强依旧会在操场上跑步，他总会看到外教专家楼上有一扇窗子，在周围那些漆黑、黯淡的窗户中间，像一座孤独的灯塔，投射出温暖的光。那是让正戴着老花镜坐在电脑前，浏览新闻动态，了解国际国内大小事情，发送电子邮件，与他在国外的朋友们交流、讨论对时局的看法。这便是垂暮之年的让每天清晨 5 点钟起床后要做的事情，无论寒来暑往，年复一年。那台笔记本电脑，是让 80 大寿那年，40 名法国朋友和亲戚集资送给他的生日礼物。让说这是他收到的最好的生日礼物，因为有了这台电脑，高龄、行动不便的他便有了与外界保持联系的渠道。从此，查阅网络新闻和给朋友们发 E-mail，成了让一

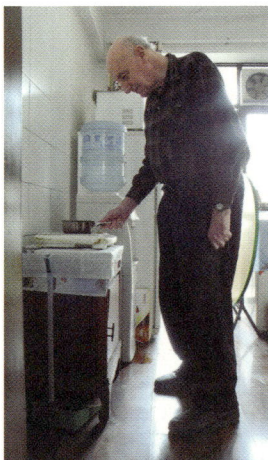

让在厨房为朋友们煮红茶

让厨房摆放整齐的餐具

让的小阳台一景

天中最重要的工作。

尽管让的腿脚将他困在这间小小的房子里，但他的心灵和大脑却从未被禁锢，借助互联网，让与外面的世界保持着更加积极与密切的关联。让完全不像一位古稀老人，他始终勤于思考、思维敏捷、条理清晰，对很多事情依然保持自己独到、睿智的洞见。杨晨光曾经向让请教，为什么让不像有的中国的老人那样老得快、老得明显？让回答说："因为人活着要有目标。"在让的身上，确实可以看到道家生生不息、不断发现目标、不断努力前进的宝贵精神。

在让80多岁的时候，朋友们依然经常看到他佝偻着身子、伏在简陋的书案上为学生们联系留学事宜、申请奖学金，嘴里还在不断地抱怨着法国政府给中国学生的奖学金比例太少了。这时，一生高喊"奋斗"的让已经感到自己的力不从心，他说自己老了，在法国那边包括法国驻华使馆那里人也生疏了，好多情况也不太了解，对年轻人出国深造已经帮

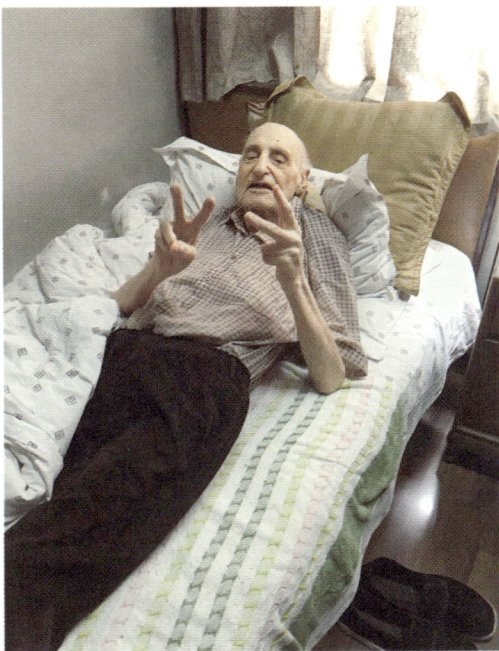

2015年7月27日，让用手势表达"我可以"

2015 年 8 月 8 日，让坚持参加朋友们为他举办的生日活动

2015 年 8 月 8 日，朋友为让祝寿

2015 年 8 月 8 日，让和参加生日活动的朋友们合影

2015 年 8 月 8 日，让微笑着对西安外国语大学原代理校长刘越莲（左一）说，我服从上天的安排

不上什么忙了。老人的话语中，每每饱含着深深的无奈与愧疚。

让放心不下这个世界，放心不下他最关爱的那些人。90多岁，通常都是一个人风烛残年的时候，让却还倾尽余力，为一直在身边照顾他、被他视如亲人一般的两个孩子——刘超与夏李，用尽最后的"心血"为他们撰写学习手稿，向他们亲授法文。让还发动身边的朋友，著名法语翻译家郭太初，法语教师杨松、贾宝军和侯雪梅，鼓励、帮助刘超与夏李的学习。刘超和夏李都是英语专业的学生，让认为掌握"两门语言一定有未来，一定可以起飞！"

多年以来，让还始终保持着很强的生活自理能力，在生病卧床之前，洗衣做饭这样的家务事都是自己动手，他从不愿意麻烦别人。尽管络绎不绝的西外学子和朋友们担心年事已高、行动不便的让会在夜里突发什么不测，想要全天守候在他的身边，尽心照顾他，但让却总是谢绝大家的好意。在2013年的冬天，让的病情发作，他不愿去医院治疗，便在家中卧床休养，学生和朋友们轮流来照顾他。让因此对大家充满感激与歉意，仅仅两周，病情有所好转的让便坚决把大家都赶回了家，他自己继续自理生活。

面对这样一个"倔老头儿"，大家除了顺着他没有其他的办法，但是却又实在放心不下。于是，朋友们便为让配备了一个应急手机，装在一个小布袋子里，挂在让的胸前。这个手机上设置了几个快捷键，分别对应着几位让非常信任并且经常来照顾他的朋友的手机号码，他们24小时开机，随时可以来到让的身边。直到临终之时，让依然把这个手机佩戴在胸前。西外的领导也很关心让，特意在让家中的卧室床头柜、书桌、卫生间和厨房等处安装了几个应急按钮，以备让有什么不时之需可以紧急帮助。有一次，王滨、潘玫玫在给让打扫屋子的时候，无意中触碰了一个应急按钮，没想到，很快外事中心的两个服务员就气喘吁吁地奔跑过来，她们以为让出了什么状况。但让很少在深夜给朋友们打电话，也几乎没有使用过那些应急按钮，他不愿给任何人添麻烦。不拖累别人，这是让的境界。

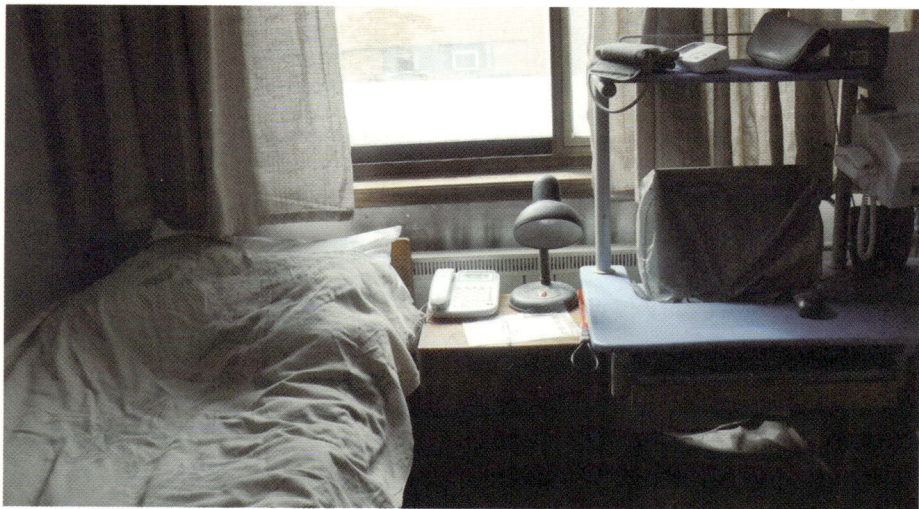

让的卧室

耿弋雯小朋友和让爷爷在一起

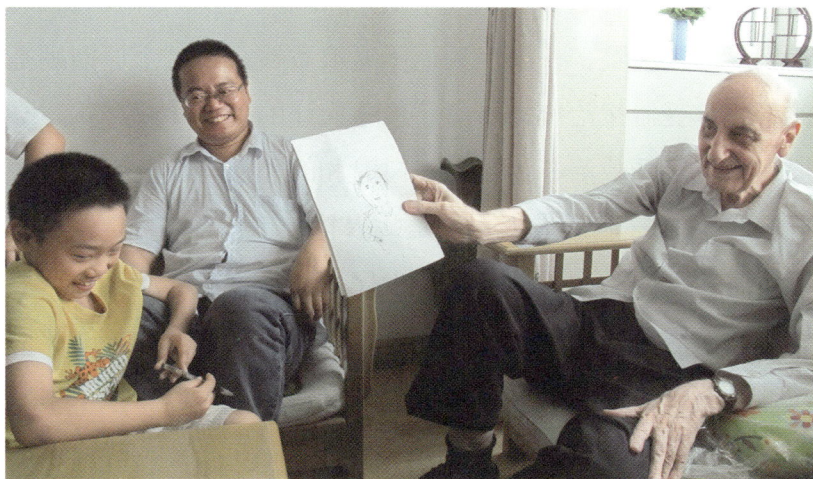

2010 年 8 月 8 日，杨晨光儿子杨行健（左）给让爷爷画像

让的衣服虽然简单、陈旧，但他总是洗得干干净净、穿得体体面面。当有朋友特别是女性朋友来家中看望他时，他都要穿戴整齐再接待朋友。即便是在他生病卧床的时候，他也要抱歉地请朋友们在门口稍等片刻，待他穿上见客的外衣。让的贵族出身，衣食中从不显见，言行中却常浮现。让的那块使用了30多年的菜板，尽管简陋、破旧，但刀叉和勺子却永远都是整整齐齐地摆放在上面，一丝不苟，这便是他的修为与涵养。

2. 最后的日子

2015年6月，身体一直不好的让开始尿血，朋友们得知消息后，急忙赶来照顾他。让在很多年前就交代朋友们，生病了不去医院，一来因为他不愿浪费钱，第二个原因则是他不想承受器械治疗的折磨。但这次让的病情十分严重，必须去医院接受救治，为此，一向温和的让还与朋友们发生了争执，让说："我是老人，不是病人！"

让的身体已如风烛草露，治疗也已不再能够产生显著效果。当他病情有所好转之后，更坚持留在家中。此时的让已经卧床不起，很多事情只能依靠朋友们帮他去做，这是要强的老人最不愿发生的事情。当朋友们提出要全天候轮流照顾他时，让一如既往地表示拒绝，让说："你们都有自己的

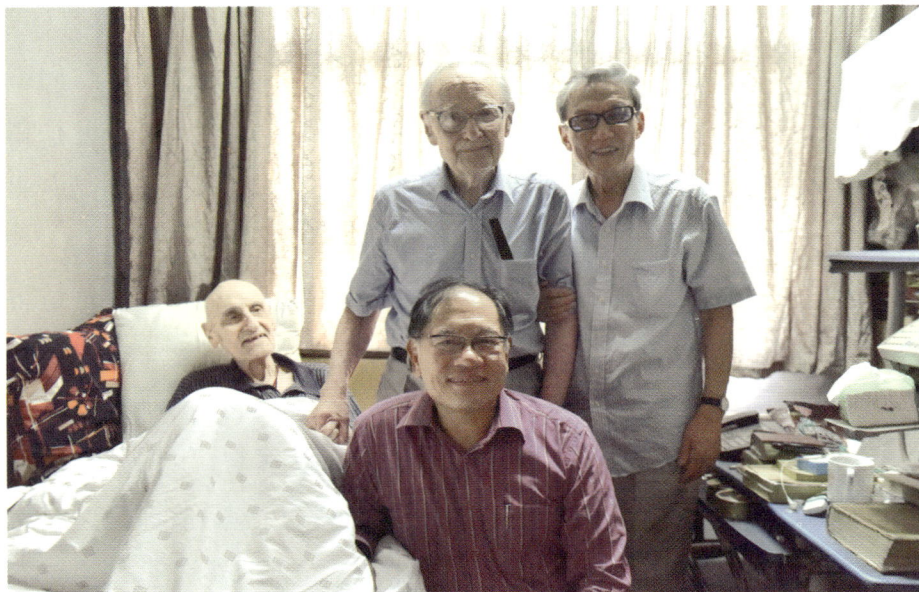

2015 年 9 月 1 日，汪德迈教授从法国专程到中国看望让

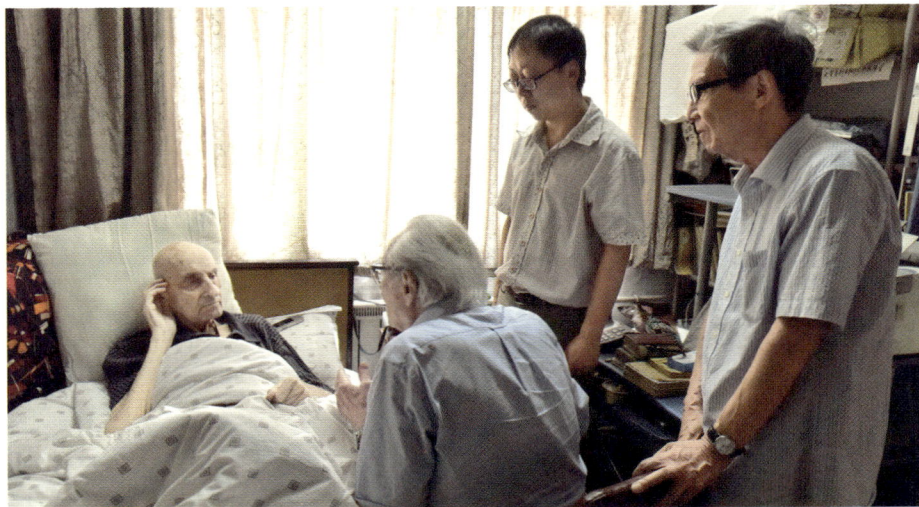

2015 年 9 月 1 日，陆栋（右一）、贾宝军（右二）陪同著名汉学家汪德迈看望让

家，我可以照顾自己，不用陪伴我。"但这一次，朋友们不再让步，他们告诉让"你也是我们的家人"，坚持要守护在他身边。为了更好地照顾让，朋友们还先后请来了两名专业看护。

那些原本就时常在他身边照顾他的孩子们，现在更是将这件事当作头等大事对待。张成是这些孩子中最辛苦的，他已经毕业 10 年，但一直都特意租住在西外校园中，为的就是可以就近照顾让。在让生命最后的半年中，几乎每晚都是张成在让的身边"值班"。久卧不起，加上习惯仰睡，让生了褥疮，杨晨光医生便经常在下班后赶到让的家里，用艾灸的方法为他治疗。刘春晖特地为他准备了气垫床，张小会夫妇经常为让煲好他喜欢喝的汤送到床前，贾振范老师每天起床的第一件事就是到让家里去看看。邢师傅每天都会来给让按摩、洗脚、外敷中药，帮助他缓解病痛。耿强则像对待自己的老爷爷一样，给让剪指甲、刮胡子。大家还特意准备了一个小本子，每个值班照顾他的人都会负责地在这个本子上详细记录下让生活的所有细节，什么时间进食、哪个时候喝水、吃过几次药、测量血压的指数，大家对让照顾得非常耐心和细致。在让床头的墙上，印着密密麻麻大小不等的手掌印，因为让睡觉的枕头比较高，所以大家搀扶他头的时候比较多，或者有的时候帮他翻身，于是便在墙上留下了这些印痕。

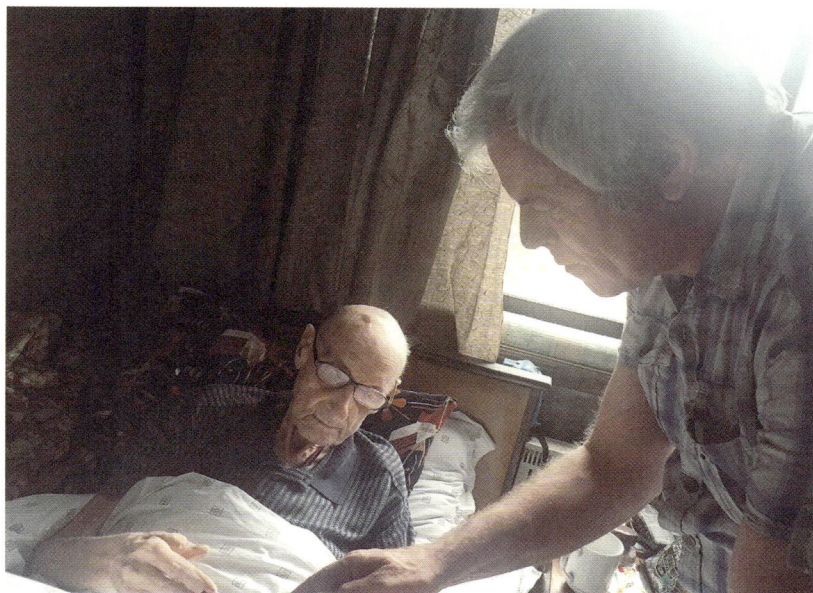

2015 年 9 月 9 日，让的法国朋友阿里克桑看望让

2015 年 9 月 11 日，让的家人、朋友们和西安外国语大学代表在让家里讨论让的病情

　　看着这些奔波在他病床前的"孝子"，让常常充满歉意地说："亲爱的，你在鼓励我的懒惰。"想到这些朋友为照顾他而不能和家人在一起，让更是饱含愧疚，总是说："一定要谢谢你们的妻子、孩子和家人，感谢他们让你来照顾我。"在这半年中，让时常把他最信任的亲密朋友叫到身边，对他们说："我年纪太大了，是你们的负担，我想离开了，我要安排我的未来。"让所说的"未来"便是指他的身后事。但朋友们却总是劝慰让不要胡思乱想，他们告诉让："有你在，我们很幸福。你不是负担，我们需要你。"

　　朋友们在让的床头挂了一个小铃铛，一摇起来，声音很大，这是为了方便让半夜有需要的时候，可以叫醒在客厅值"夜班"看护他的人。但让很少使用这个铃铛，因为他不愿打扰那些孩子或朋友们的睡眠，让知道他们已经度过了一个辛苦工作的白天，希望他们在晚上可以好好休息。一次，耿强从梦中惊醒，发现让摔倒在卫生间的地板上；还有一次，耿强听到厨房传来轻微的动静，睁眼看到，让自己已经摸索到厨房，在清晨的5点钟煮上了红茶，为他们二人准备早餐。在让还稍有自主行动能力的时候，那些他依旧可以勉强完成的事情，他都不让朋友们插手，而是挣扎着、尽可能地照顾自己，甚至还在处处想方设法照顾别人。

　　让一向睡得很晚。在身体健康时，那无数个静谧的深夜，正是他读书、学习、思考、研究和写作的最好时光。让戴着老花镜，伏在那盏很旧的绿罩台灯下阅读着、书写着，这是户思社永恒的记忆。在作为西外曾经的学子，西外原校长户思社心目中，让就是西外的守夜者、保护神。让重病卧床后，夜里睡觉时也叫朋友们不要关灯。但为了不影响前来看护他的朋友们的休息，让总会假装说自己要睡了，请朋友把卧室的门虚掩上。但当不放心的朋友过一会儿偷偷去看他时，他每每总是睁着眼睛盯着天花板沉思着。即使在生命的最后阶段，让的眼神也从未浑浊，他的思维始终清醒，学习再学习、思考再思考，他从未停止。

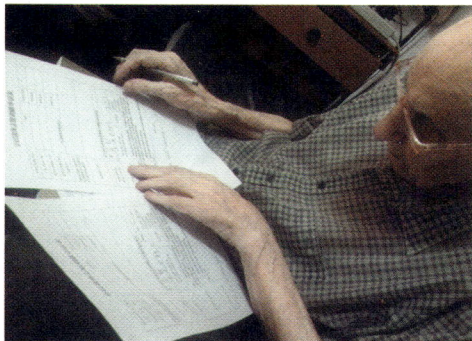

2013 年 8 月 20 日，让签署遗体捐赠文件

尽管让已经无法像从前那样，每天早晨坐在书桌前通过电脑、互联网得知外面世界的消息，但他依然会坚持坐在床上看报纸，或者让张成或是其他朋友为他读报纸，以这种方

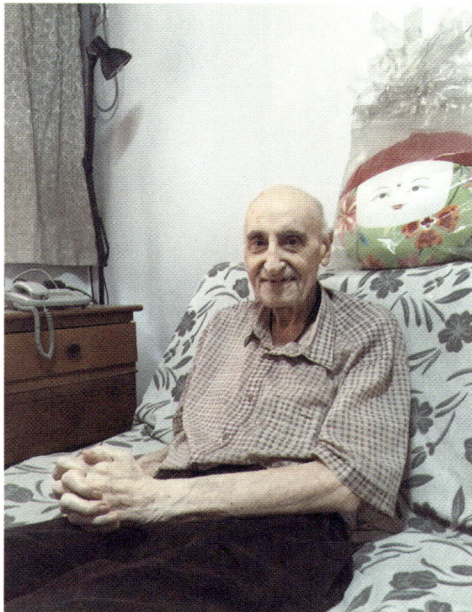

2015 年 7 月 26 日，让在家中

式继续关注着外界的一切。如果大家劝说他休息一下，他也会说："亲爱的，你在鼓励我的懒惰。"就像他不愿朋友们因为照顾他而花费太多时间和精力时一样。2015年9月，这是让停留在这个世界上的最后一个月。一天，让在报纸上看到了3岁的叙利亚小男孩艾兰在海滩上遇难的照片，他痛苦极了。他流着泪，立刻叫来几个亲密的朋友，把他家里的食物、衣物以及其他能够拿出去捐赠的东西都拿到街上去，救助那些需要帮助的人。而对他自己，让为了省钱，最初连一次性护理垫都不愿使用，又不想麻烦朋友们帮他清理，于是总是强忍着便意。这次事情之后，让的病情又加重了。

2015年10月5日，瑞典卡罗琳医学院在斯德哥尔摩宣布，中国女药学家、中国中医科学院中药研究所首席研究员屠呦呦由于发现了可以有效降低疟疾患者的死亡率的青蒿素，而与爱尔兰科学家威廉·坎贝尔和日本有机化学家大村智共获2015年诺贝尔生理学或医学奖。这是中国科学家因为在中国本土进行的科学研究而首次获诺贝尔科学奖，是中国医学界迄今为止获得的最高奖项。非常遗憾的是，一直积极支持中医走出国门、盼望中医可以造福世界的让，却已经进入了弥留之际，无法分享这个一定会令他振奋和喜悦的好消息了。

2015年10月9日，让去世的前一天晚上。耿强像往常一样，悉心地为让刮胡子。此时的让已经说不出话来，他注视着耿强，费力地抬起手，轻轻拍着耿强的肩膀。耿强明白，让是在说："谢谢你，你对我那么好，幸亏有你。"就像他从前常说的那样。

2015年10月10日，下午14时许，这位来自法国的老人，在西外专家楼、他生活了31年的这间小小的公寓、他的家里，永远地闭上了眼睛，安详地进入了永眠。他嘴唇微微揪着，宛似熟睡中的婴儿。当时守在让身边的邢师傅说，直到生命终结，让的身体始终是温热的、柔软的。老人走了的消息传来，朋友们立刻放下手中的工作和事情，从家里、从办公室、从候机厅甚至从会议上赶来，陪伴最亲爱的让最

2011年11月，让和家人、朋友在西安市高陵县通远镇

后一程。

还有 6 个月，让在中国工作生活就整整 40 年了。让没有婚姻、没有子女，一生独居却并不寂寞，在中国他从不是孤独的，40 年来，他的朋友从 90 多岁到十几岁，已经成为一个五世同堂的大家庭。他的这些中国朋友，就是他的家人，始终照顾他、温暖他，并且陪伴他走到生命的最后一刻。

聚集在让家中的朋友们，沉默着，一片宁静，时间仿佛也不再流逝，大家恍惚觉得，让并没有躺在床上，而是坐在客厅里那把他经常坐的人造革椅子上，带着他那令人难以忘怀的微笑，望着所有人……

3. 化作春泥更护花

2013 年，让在生日前夕，向朋友们宣布了一个非常惊人的消息：去世后，要把他的遗体捐赠给中国的医学机构。与其说决定，不如说这是让深思熟虑之后作出的选择。尽管震惊，但了解让的朋友们都知道，这件事对于让来说，实在是太正常不过了。"爱，直到最后"，这就是让。闻之者潸然泪下，再一次被让伟大而又神圣的灵魂所震撼，感动！

在填写捐赠遗体志愿书时，让向身为医生的杨晨光咨询遗体捐献申请人意愿应该怎么写。杨晨光告诉让，就写"我自愿将我的遗体捐献给中国的医学事业"。让考虑了一下，摇摇头，说他不这么写，他要写"我希望我的遗体能对中国医生有一点小帮助"。在让低头认真书写的时候，杨晨光当即把这个场面拍摄了下来，这张照片至今仍然保存在杨晨光的手机中。

让捐献遗体申请表

　　让对于他的遗产与遗物，经过慎重回忆、思考，事无巨细、几易其稿，作出了一份详细的遗嘱。他留下的现金、储蓄和有价证券，全部委托王彬、马西、郭太初、段降龙、杨晨光、殷宝库等几位好友安排，用于帮助中国孤寡老年人及无力支付医药费用的病人。

　　书架上的所有书籍，床头柜下层里面的所有东西，一部空调，一台洗衣机，一台电话机，一台微波炉，一台电磁炉，一台录音机，一台加湿器，一台取暖器，笔记本电脑及配套打印机、扫描仪、一套音箱，台式电脑，一个医药箱，两个衣柜，一个小方桌，一个木茶几，衣柜里的衣物鞋帽及厨房里的厨具和朋友们送给让的礼物，便是让的全部遗物。在这些物品上，大多都贴着"送给谁谁谁"的纸条，这是让几年前就开始做的事情。让在80岁前后就开始写遗嘱，每一两年会根据条件的变化对遗嘱进行修改，这是让的生活态度，也是一种境界。

　　这些遗物中，最多的就是书籍，让希望"我亲爱的朋友选择他们需要的"；礼品陈列架上，让从前珍爱的那些礼物，"由朋友们选择他们喜欢的带走"；那些原本就是由朋友们赠送的生活用品，如电话机、木茶几、加湿器，让请原先送他这些物品的朋友带走；对于其他的物品，让也详细安排了馈赠的对象，以表达对他们长久以来照顾自己的感谢；衣柜里的衣物鞋帽等物，则请杨晨光和殷宝库两位大夫代为捐献。

他把他的一切，都留给那些他始终关心和爱护的人们。

这份短短的遗嘱，我们却从中看到了深深的含义：让的博爱，在人生的终点，依然关怀着那些需要帮助的人；让的感恩，直到生命的最后，都不曾忘记他人给予自己的关爱，即使这关爱完全无法与他给予对方的相提并论；让的清贫，从物质上来看，让家徒四壁、一无长物；让的富足，他的研究包罗万象、他的家中书盈四壁，这都是他的无价之宝、精神财富，他过着"知识分子有灵魂的生活"；让的超脱，他深谙人生百年、转眼成空，死无所恋，了无牵挂……

让总是说："不要浪费东西。"在整理让的遗物时，朋友们发现，很多他们从前送给让的东西，包括一些衣物和食品，依然都是崭新的、未开封的。而让经常穿的那几件格子衬衣、鞋子，早已破旧得不成样子，他的一双皮鞋，早已无法修补。朋友们在衣柜的深处，找到一双簇新的布鞋，那是夏李母亲很早就做给他的，让却爱不释手，一直都不舍得穿，在他去世后，朋友们才终于为他穿上了这双布鞋。在李涛的记忆中，让有一张照片令他印象深刻，那是让在两个人的搀扶下缓缓前进的背影。李涛说，这就是让给他的印象，"生命的路走就对了"。所以，我们尽管眼含热泪，却也只能目送着他的背影，希望他一路走好。

2015 年 10 月 14 日，根据让生前遗愿，他的遗体捐献给西安交通大学医学部。让以实际行动践行了将余生毫无保留

2015 年 10 月 12 日，让的家人从法国赶来

2015 年 10 月 14 日，让的家人参加让的追思会暨遗体捐赠仪式

2016 年 3 月，让的家人代表和西外签订让的遗物捐赠授权书

2016 年清明节，西外法语学院师生在让的纪念碑前举行追思活动

地献给自己一生热爱的中国的诺言。在让撰写的《中国人》中的一段文字，他以《道德经》中的一句话作为结束："不失其所者久，死而不亡者寿。"让确实做到了，尽管他的肉体消亡了，然而他的精神却长存人间！在让的感召下，一直崇敬让的陆栋与他的夫人程天璋决定，去世后也将他们的遗体捐赠出来。陆栋说："我们愿意变作一捧泥土，永远留在让前行的脚印中。"邢师傅则为让书写了这样的一副挽联："留风骨感召文化传人，捐遗体元归圣母天心。"心灵手巧的邢师

傅，还用易拉罐和有机玻璃为让亲手做了一朵菊花。邢师傅说，鲜花是会枯萎衰败的，但这朵花不会，就像让的精神一样，永不凋零。法国驻华大使馆副领事费德便这样评价让："让是一个有信仰的人，他扎根于西安，不仅把遗体捐献给中国，更把精神留在中国，把自己的一生奉献给了中国。"

2015年10月22日，让去世后的第12天，耿强等人带着让生前的嘱托，再次来到了石泉县喜河镇中心小学，将10名家庭特别困难的留守儿童纳为"米睿哲中国爱心教育助学金"的新一批资助对象，并为他们每人发放助学金1200元。这12000元的善款，是让为孩子们留下的。孩子们并不知道，那个他们素未谋面的让爷爷，在临终之时，依然挂念着他们，多么想来亲眼看一看他们。尽管让已经不在了，但他的朋友们却还会继承他的遗志，用自己的力量，将"米睿哲中国爱心教育助学金"继续下去，甚至形成一对一的援助模式，帮助更多的孩子完成今后的所有学业。

这位大爱的智者、使者和行者，高山仰止，景行行止。他的名字——让·德·米里拜尔（米睿哲），将永远镌刻在中国人民的心中。

让的去世，引起《欧洲时报》、中央电视台、《人民日报》、陕西电视台、《陕西日报》《西安日报》等国内外媒体高度关注。中央电视台CCTV-10科教频道派专人到西安采访让的事迹，并于老人去世半年之际，用40分钟的专题片讲述"中国好人"——让·德·米里拜尔的故事，引起社会极大的反响。

天涯同悲。让去世的消息传到法国后，他那位于法国巴黎十三区的旧居前，总会有中国人络绎前来，深情鞠躬、泪流不止。这些已经五六十岁的人，就是那些曾经在让的帮助下赴法留学的学子。尽管岁月变迁，但恩情难忘。

2015 年 10 月 13 日，为让举行追思会的前一天晚上，让生前亲密的中国朋友们，和从法国专程赶来、送别让的 Pierre Vuong，聚集在让的家里。Pierre Vuong 第二天要在让的追思会上致悼词。如同让生前出席每一个需要发言的重大场合前一样，Pierre Vuong 也在认真准备着：那用中文写

2015 年 10 月 14 日，在西安交通大学医学院举行让的追思会暨遗体捐献仪式

成的稿件上，每一个汉字上面都标注了汉语拼音的音调；并且，在朋友们面前一遍又一遍哽咽地朗读起来。在 Pierre Vuong 的朗读声中，与让之间的往事，在泪眼蒙眬的友人面前仿佛又一幕幕浮现……

安放在西安外国语大学雁塔校区的让的纪念碑

2015 年 10 月 14 日，法国驻华大使馆副领事
费德参加让的追思会暨遗体捐献仪式

2016 年 10 月 14 日，让的家人接受采访

2016 年 10 月 15 日，让的家人
在整理让的书籍和遗物，这些都捐赠
给了西外

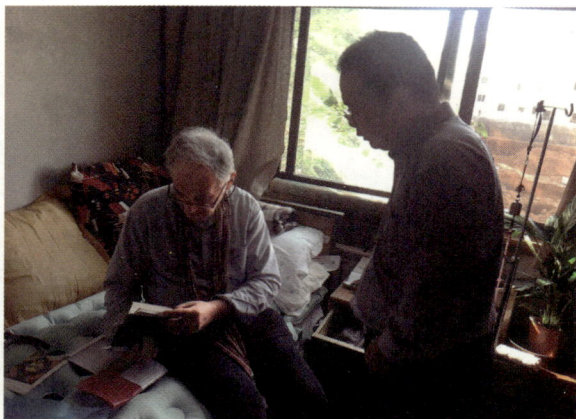

2016 年 10 月 16 日，朋友们整理让的遗物

结　语
故事才刚刚开始

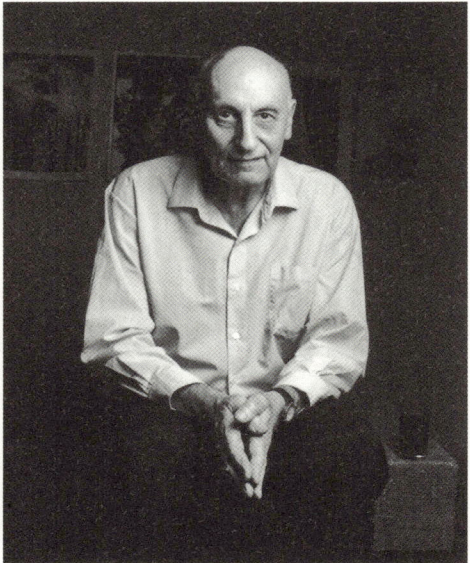

　　2015 年 10 月 14 日上午 10 时，世界知名学者、西安外国语大学终身名誉教授、法国荣誉军团勋章获得者、"中国好人"让·德·米里拜尔先生的追思会暨遗体捐献仪式在西安交通大学医学部遗体捐献大厅隆重举行。哀乐低沉，人流涌动，让生前的家人、朋友、同事以及受过他帮助的人，自发前来为他送别。大家用鲜花和泪水寄托哀思，表达对这位人格高尚、精神可敬的老人无限的怀念之情。面对此情此景，人们不禁要问：一个纯粹的法国人，为何要离开故土，来到遥远的东方古国，用他近 40 年的后半生，把一切都奉献给了中国？一个世界知名的学者，一生游历了数十个国家和地区，为何偏偏选择了中国，选择了西安，把自己的智慧和爱心播撒在这里？一个出身贵族的法国人，为何对自己的生活近乎苛刻地简朴、再简朴，却把仅有的钱物馈赠给周围的贫困者？这一个个为什么不断拷问着我们的灵魂，不禁让人从心里对这位逝去的老人肃然起敬。

　　让常说，"是中国人无与伦比的智慧和善良吸引了我"；他还说，"中国人热爱和平，没有发动过侵略战争，我很骄傲，我是中国人！"他曾情不自禁地欢呼："英雄、智慧和圣贤的中国万岁！"他喜欢中国，他把中国当作他的第二故乡，他对中国人民充满了深深的爱。请让我们倾听这位法国老人用工工整整的汉字写的诗吧：

> 走近中国人
> 就是追溯
> 人类
> 最古老的根源
> 也是探寻数千年历史
> ……
> 走近中国人
> 就是探索上天赋予这个民族惊人的智慧
> 其卓越的思想早已让历史流芳
> ……

这简朴的诗句，正好揭示了这个法国老人内心为何如此热爱中国的全部秘密，他比我们许多人更爱这个伟大的国家，他比我们许多人都更加理解并深情地赞美这个伟大的国家，这就是一个法国老人的中国心。从 1976 年 9 月到 2015 年 10 月，他倾尽自己的后半生，以宽广的胸怀，用将近 40 年的时间，在中国的土地上谱写出一曲博爱、奉献的生命赞歌。让的故事，是最生动的中国故事。这位饱经沧桑的老人，在用他的一生告诉世人：人生是什么？人生应该怎样度过？

纵观让的一生，他把法国贵族气质与中国的儒道思想融为一体，形成了个人的独特魅力。在让的世界里，人生是奉献，是关爱，是悲天悯人；在众人眼里，他是一个超越了国界和民族的人，是一个善良、高贵、纯粹的人。他有着高尚的道德情操、严谨的治学态度、无私的奉献精神和博大的国际主义胸怀，同时也把"仁义、忠恕、贵邻、克己、慎独"等中国传统文化的精髓融入了灵魂深处。他的中国故事感人至深，他的高贵品质令人敬仰。正如让的生前好友陆栋所说，"他将自己的生命变作普罗米修斯擎着的火炬，为人们点亮了生活的道路，指点了迷津，化作前行的坐标"。

一个法国老人离开了我们，但他的中国故事远没有结束。陆栋说得好："让的事迹是人类文化化人的过程。他的点点滴滴化了很多人，尤其是中国人。他的事情只是冰山一角，让的故事还刚刚开始。"

我们相信，让用自己的智慧和知识帮助建立起来的西外法语教育事业，一定会不断发展，培养出更多的法语人才；让所崇拜的中国文化一定会不断发扬光大；让用自己数十年的心血浇灌出来的中法友谊之花，一定会在他影响下的后来者手里继续绽放下去。特别是让用自己高尚的人格和数十年持续不断的善行义举，感化了他身边无数的人，他的精神和品格已经深深浸入到无数中国人的灵魂里，他们将继承让的精神和品质，继续践行让的人生理想和愿望——善行天下，大爱无疆——人类美好的大同世界一定会成为现实。

执笔：张保宁　苏永前　厚晓哲

资料整理：魏兰妤

资料翻译：贾宝军　刘悠悠

2015 年 9 月 29 日，西安交通大学医学院领导和西安外国语大学国际合作与交流处领导商议让的遗体捐赠事宜

2015 年 10 月 12 日，朋友们在准备让的追思会

2015 年 10 月 13 日，让的家人和朋友在西安交大医学院遗体捐赠纪念园

2015 年 10 月 13 日，让的家人在西安交大医学院遗体捐赠纪念园

西安外国语大学让的故居

2015年10月14日，西安外国语大学和西安交通大学联合举办让追思会暨遗体捐献仪式

让·德·米里拜尔追思会暨遗体捐献仪式   西安交通大学医学院遗体捐献纪念碑

2015年10月14日，西安交通大学颜虹副校长向让的亲人颁发遗体捐献证书

编写手记

2015 年 12 月 6 日，国务院副总理、孔子学院总部理事会主席刘延东在第十届孔子学院大会开幕式上，向全体与会人员讲述了一个感人至深的故事：

这里我想给大家分享一个被称为"中国好人"的洋教授的故事。来自法国的世界知名学者让·德·米里拜尔在中国学习工作近 40 年，他有一个中国名字叫米睿哲。1976 年，他主动选择到条件艰苦的中国西北，一直任教于西安外国语大学，致力中国文化研究和推介，撰写了有关中医和中国西北地区地方史的著作，对中法文化交流作出了卓越贡献。他省吃俭用，一生资助了多位中国贫困山区学生和留学生，并把自己在巴黎的家提供给中国留学生住宿使用。让教授曾被授予法国拿破仑荣誉勋章，还获得了"中国好人"的称号。今年 10 月 10 日，96 岁的让教授在西安去世，他最后的遗愿就是捐献遗体用于医学研究。他的故事感动了无数中国人，彰显了人文交流的独特魅力和巨大能量。可以说，文明交流互鉴的大潮流、中国发展进步的大趋势，为孔子学院带来了难得的历史机遇和广阔的发展空间。

刘延东副总理所讲的这个故事正是源自于人民日报社陕西分社采编中心主任龚仕建的两篇报道。2015 年 12 月，《人民日报》内参刊发了龚仕建主任撰写的文章《被称为"中国好人"的洋教授》；2016 年 2 月 29 日，龚仕建主任在《人民日报》文化版人物专栏以《让·德·米里拜尔扎根中国四十年，生前倾力中法文化交流，他是洋教授，也是"中国好人"》为题，报道了西外已故外籍教师让·德·米里拜尔的先进事迹。2016 年 4 月 16 日，中央电视台教育频道（CCTV-10）讲述栏目以《法国老人的中国情缘》为题，播出西安外国语大学法籍专家让·德·米里拜尔教授的专题片，节目以让教授生前学生和好友回忆的方式，讲述了他在中国、在西外 40 年的生活点滴，在社会各界引起极大关注。6 月 15 日，人民出版社公共事业编辑部王萍主任专程来到西外，商谈编写出版让的传记图书等事宜，希望学校和人民出版社一起完成让的传记编写出版工作。

西安外国语大学高度重视让的传记编写出版工作，成立了由校党委书记、校长任组长，主管宣传工作的党委副书记任副组长的传记编写工作领导小组；领导小组下设办公室，宣传部部长任办公室主任，成员由宣传部、国际合作与交流处、法语学院相关人员及让的生前好友组成，具体负责传记编写的统筹协调工作。同时，学校抽出赵沛、张保宁、苏永前、厚晓哲、魏兰妤等5名同志组成撰稿组，集中时间，专职写作。6月19日下午，党委副书记王天平，党委委员、宣传部部长段恒春代表学校编写工作领导小组召开撰稿启动会议，要求参编人员以高度的责任感和使命感投入到编写工作中，要团结协作，克服困难，深度挖掘让教授的感人事迹，努力充实传记的精神内涵，为讲好西外故事作出积极贡献。

撰稿组同志自6月20日开始接触学习让的事迹，历时15天终于完稿。半个月里，同志们被让的事迹感动着，如同在经历一场精神的洗礼。炎炎6月，似乎也抵挡不住大家对这位法国老人精神世界探寻的初心。让，真的是一个高尚的人，一位纯粹的人，一个脱离了低级趣味的人。他的人格的完美和精神的崇高，不由使大家心生敬仰，生怕自己的拙笔叙述不出真实的让的故事。王天平副书记、段恒春部长数次亲临撰稿组，转达党委书记邓志辉、校长王军哲等学校领导对此项工作的关心和重视，问候大家，热情鼓励，并对写作作出具体要求。宣传部更是多方协调，为撰稿组创造条件，支持打气，令大家十分感动，压力也倍增。校工会主席赵沛既要兼顾繁忙的工作，又常来撰稿组参与讨论和起草，付出了较多的心血。龚玉伟承担了编写工作领导小组办公室与编写组的联络和部分协调工作。耿强、党小湘等为图片资料的收集和确认付出了劳动。外事处林竹为查阅让的藏书、讲义和著述多次提供了方便。这点点滴滴，都促使大家必须完成好这项组织交给的任务。

本书由赵沛先列出写作提纲并试写了第一部分，张保宁对提纲作了补充修订，并经大家讨论和校党委宣传部认可。按照新提纲，引言和结语部分由张保宁执笔，第一、二两章由苏永前执笔，第三至第六章由厚晓哲执笔，最后由张保宁负责统稿并拟定了全书各章节题目及总题目，草就了"编写手记"；魏兰好负责采访和座谈资料的整理打印，贾宝军、刘悠悠对法文资料做了翻译和整理；董阳在北京负责采访了中国对外友协副会长户思社。撰稿过程中，大家先后和让的生前同事、学生及好友任战锋、黄传根、孙立坚、耿强、杨晨光、李涛、张成、任艳芳、邱长秦、邢志强、崔升瑞等进行了座谈，贾振范、张平提供了亲笔写的回忆文字，让生前的众多好友在微信群里也推送了许多回忆文字，这些对本书的写作都提供了丰富而鲜活的素材。行文时采用了陆栋、王克坚、任战锋、梁家林、蒋筱敏、朱卫民、王力群、赵成勋等人先前写就的回忆性文章，参考了让的朋友们于2012年为让制作的纪念册《让·德·米里拜尔——一位法国老人的中国情缘》，以及陆栋和刘海容发表于2015年第12期《善行天下》上的《怀念大爱的使者——让·德·米里拜尔》《法籍好人：超越生命长度的大爱》两篇文章。西安外国语大学党委宣传部郭富庭、龚玉伟、党小湘三位同志在部长段恒春的安排和指导下，于 2014 年 5 月开始，历时两年多，对让的生平事迹和图文影像资料进行了认真的搜集和详细的整理，郭富庭先后撰写了通讯报道和事迹材料《"好人"一生平安——一位来自法国的"中国好人"》《不失其所者久 死而不亡者寿——"中国好人"让·德·米里拜尔先生先进事迹》共计 13000 余字，并在 2016 年寒假期间配合中央电视台科教频道完成了让先生的专题纪录片的拍摄，这些前期的积累工作都为本次编写打下了坚实的基础。没有上述人员及文献的帮助，本书是很难成稿的。在此谨表示衷心的感谢。本书中有些叙述的事情可能还不够准确，特别是对让的思想和精神的挖掘还远远不够，希望后来者能够在让的精神感召下，重新写出有关让的更多更好的中国故事。

编写组

2016 年 7 月 5 日于西外

Jean de Miribel 让·德·米里拜尔

(1919—2015)
由其家人讲述

让·德·米里拜尔!

要准确解读让,要懂让,就要讲述好让的故事,就要从让的家庭和成长环境说起,把让放在他的家庭史中来讲述。二战时法国半数领土被纳粹部队占领,但让两年间都在青年团(一种非武装兵役)服役,军营驻扎在米里拜尔·廊下特(让家族的起源地)的邻近市镇,他常常步行回家。

米里拜尔这个姓源自拉丁语 mire bellum,意思是"好的视野"。这个命名源自一处非同寻常的景点,位于格勒诺布尔南部 20 公里处的高地。在那里相继建造了两座坚固的城堡。第一座由汉伯都斯·德·米里拜尔建于 1000 年左右,并于 1030 年将城堡赠予本笃会修道院。

很快,在不远处修建了第二座城堡,同时修建了圣马丁小教堂。1789 年,第一座城堡坍塌,第二座在几年后的法国大革命期间被焚毁。让从未要求继承这份古老的遗产,但他相信家世榜样的价值和展现出的精神,并在人生中的每一刻都表现出这种精神。

一贯为法国服务的家庭传统以及与让很近的几位家族人

米里拜尔景点以及旧城堡的遗址

物都深深地影响着让的一生。

　　首先是让的祖父，约瑟夫·德·米里拜尔（1831—1893），曾先后担任少将及三军统帅。1870年法国被德国击败后，他以此头衔重新组织法国军队。此外，他于1914年实施征兵令……正如让所讲述的，祖父的军事功绩在德国颇有影响。在二战期间，德国人发现他儿子费尔迪南·德·米里拜尔在萨瓦家中藏匿一位犹太妇女，出于对其50年前就去世的三军统帅的父亲的尊重，他没有被押送至集中营。让的妹妹雅克琳娜那时为两名德国军官打开大门，她至今难忘这段故事以及那位犹太妇女被遣往集中营时的眼神。

约瑟夫·德·米里拜尔将军

　　约瑟夫·德·米里拜尔在位于多菲尼的欧特里夫的沙特拉尔拥有自己的家庭住所。在这座村落中心，竖立着纪念他的全身像雕塑。让的父母常常喜欢来这个洋溢着热情气氛的住所。不过让没有见过他的爷爷。但是此人在法国艰难的时期表现出了正直、严于律己以及刚正不阿，这些性格特征又怎能不会在他孙子让的身上体现呢？

　　然后是他的父亲，费尔迪南·德·米里拜尔（1874—1967）同样是军人：毕业于巴黎综合工科学校（1898级），入任后起初是一名炮兵、后成为一名侦察机飞行员。聪明、敏锐的他，要求自己和身边的人低调、谦卑、严谨。他鼓励自己的孩子们坚持走自己的道路。

1916 年，让·德·米里拜尔的父亲在他的飞机旁

然后是他的姑姑，玛丽·德·米里拜尔（1872—1959），让父亲的姐姐。年轻时，她每每看到巴黎东部住在贫民窟的穷人、需要救助的病人和孩子时，都感到心痛。尽管出身富裕阶层，她还是决定成为一名护士，并说服很多朋友共同为慈善事业作贡献。自20世纪初，她组建了一个社会救助中心并开了一处护理院（成为今天巴黎东部的一家大医院"圣西蒙十字"医院）。玛丽·德·米里拜尔写道："社会服务的目的在于补足医疗（即诊断疾病并且治疗疾病）的同时，通过建议、鼓励以及运用一切必要的方法在各个领域中扶持民众。"她拒绝一切荣誉，给自己的格言是"接受荣誉的同时就失去了它"……对弱势群体的关注和关爱，比如从白手起家到建立一所这样的医院的毅力，这些品质不也在让的性格特点中体现了吗？不也正因如此让才建立了与第四世界（ATD）组织（由法国前总统戴高乐的侄女热妮叶佛·戴高乐和热及迈·迪尤共同建立的旨在帮助困难人群的协会）的友谊桥梁吗？

他的堂姐伊丽莎白·德·米里拜尔（1915—2005），因作为打字员一字一句敲击出1940年6月18日戴高乐将军的《告法国人民书》而出名。随后，她在二战期间完成了包括战争新闻通讯员等多项任务，在想成为修女未能实现后，作为外交官继续为法国服务等。她坚定的个性，深厚的学识，积极的态度，对让来说就是智慧的标准。

在她 1981 年出版的书籍《自由遭受着暴力》中提到了 1940 年 6 月 18 日敲击《告法国人民书》的这一天。"1940 年 6 月 17 日下午，我默默期待的电话终于响了，通知我第二天早上到西摩广场一处小公寓。我面前有台打字机，面对着难以辨认的手稿，我打字很困难。为了节省时间，吉奥华·德·故赫赛尔为我读文章。他时不时把打完的稿子

玛丽·德·米里拜尔

带走呈交给戴高乐将军。这些文字将成为历史的一页。我还不知道。然而，我隐隐约约预感到自己参加了一件了不起的事情。"

最后是他深爱的温柔的母亲佛朗索瓦丝·德·弗利维乐（1892—1987）。6 个孩子的母亲，愉快并充满活力，聪慧且有修养，总是在倾听。她出自一个古朴的环境，过着舒适的生活，可是这一切却被战争所扰乱。她果敢地望向未来，鼓励子孙实现各自的计划。正因如此，让虽常年奔波于长途旅行，每年都会回来与母亲团聚，与她分享，受她爱的滋养。在诺曼底的利维市，让喜欢和自己的表兄妹在一起打网球。

让喜欢到他表舅让·德·埃莱赫位于贝里斯的家中度假。他表舅膝下无子，很有教养，讲一口流利的拉丁语，给

伊丽莎白·德·米里拜尔于 1940 年

让·德·米里拜尔的父母，年轻的新婚夫妇

让讲述经典原文篇章,和让一起在法国历史中畅游。对让来说,这就是他新的视野的开端,引领他跨越历史与世界,奔向自己喜爱的地缘政治及强国关系。

让年轻时有这样的家庭环境深深地影响了他。让一生都忠于他们,并常向朋友提起家人,并以家人为榜样。

让在巴黎六区卡塞特街 12 号的家中度过了他最年轻的时光,生活在父母、家佣、朋友圈中。每天晚上,姑妈玛丽·德·米里拜尔来到让的父亲的家里一起吃家庭晚餐。只有年长的孩子如让和他妹妹贝尔纳黛特可以参与谈话。一旦晚餐结束,各自回到自己的房间,留下大人们继续在客厅叙谈。雅克琳娜说道:"自 1930 年,贝尔纳黛特、吉哈尔和菲利浦都寄宿了。家里只剩卡特琳娜和我,和让的年龄分别相差 4 岁和 7 岁。每天晚上晚饭后,我们回到房间,让在我们这一层的尽头,走廊的尽头,我妹妹和我在我俩共同的房间里。"

让并没有经历与现代社会一样的家庭生活或和 6 个弟妹一起玩耍。一个家庭里兄弟姐妹的老大(让、贝尔纳黛特、吉哈尔、雅克琳娜、菲利浦、卡特琳娜——要注意的是除了雅克琳娜和卡特琳娜外,其他人都有机会在亚洲待过很长一段时间),虽是他们的玩伴,但更受比他年龄小的弟妹的爱戴!后来,让与他们当中的每个人都建立了深厚的关系,将心比心的,并随着时间的推移而逐渐加深。由于让的体贴细

让·德·米里拜尔的父母（1960 年在波赫卡）

腻，他希望能关心到每一个人，即便他最终离开并定居在中国。

让在巴黎蒙田中学和路易大帝中学读书，在此期间，他是个勤奋的学生，对一切都充满好奇。这也不能阻止他爱捉弄人，对自己的妹妹雅克琳娜和卡特琳娜做恶作剧，他长子的地位很稳固。正如他妹妹雅克琳娜讲述的：

从左到右：贝尔纳黛特、吉哈尔、菲利浦、德·米里拜尔夫人、卡特琳娜、雅克琳娜、让，于 1927 年

"'你快点，7 点啦，必须起床啦！'我睡眼蒙眬从床上爬起来，走到楼梯间，才意识到当时是晚上，我就回去继续睡，我暴跳如雷！那会儿才是晚上 11 点！让经常逗弄我，我还总是上当！"让一直都保存着这种幽默感，他的弟弟吉哈尔于 2005 年从西安回来讲道："我和妻子及陆栋夫妇还有让一起在一家高档餐厅包间里吃晚饭，天花板上有一张好像清朝时代的帐子，墙上挂着我很喜欢的红色丝袍。让建议我和夫人把它穿上，这样米里拜尔夫妇就突然变成古代官员，这引起了哄笑，让在这场景中笑得前仰后合。"

人们可以在他童年照片里的笑容里看到让是一个快乐的孩子，他比其他兄妹都高一头……这就是高个的长子。他也乐于助人并且帮助兄妹学习，这些他们都记忆深刻……

1938 年，让的父亲退休，他们把家安顿在格勒诺布尔市。1942 年正值战争时期，家又搬到萨瓦区的波赫卡市。这个城市是让在一次骑自行车时为他父母发现的。在格勒诺布尔，参军之前，让获得了历史学士学位。雅克琳娜追忆着，在让参加青年团期间，他毫不犹豫地在隆冬时节给我们惊喜——到格勒诺布尔的家中重逢。他到家时，由于走了 20 公里的路，一只脚趾冻得发紫。这个地区和这里的山脉吸引着让对最高山峰的目光，1935 年他在瑞士度假时已经爬过。自 15 岁起，他就和朋友一起不断攀登更高的山峰，并成为一名水平很好的登山运动员：当然有勃朗峰，也有杜

让、贝尔纳黛特、吉哈尔、阿枚德（一位表／堂兄）、雅克琳娜、飞利浦、卡特琳娜

宇峰和绿针峰，他也带着弟弟吉哈尔一同攀爬。来到波赫卡市居住增加了他偷闲的机会，他妹妹卡特琳娜仍然满怀激动和自豪，在让的带领下爬上了4000米的高峰。"他一回家父亲就很高兴地询问让，要他讲述雪、冰、山峰、站在阿尔卑斯山脉的非凡视角！"

让还是孩子的时候，病得很重，多亏他父母（尤其是他母亲）的照料、关心和祈祷，他痊愈了。这段时光确确实实对他触动很大，因为他很快产生了充实生命意义的想法……但是战争突袭：让参军了，他在阿沃尔军营入伍，然后就读于位于丰特努瓦-勒-龚特的一所军官学校。当时法国混乱溃散，他穿越法国去入职报到，在半路上被俘。正是在这段战争经历中，面对着被遗弃的慌乱不安的士兵以及流离失所的家庭，在无尽的迁徙中所遭受的种种痛苦，让看清了这些由于教育和社会阶层的不同所造成的命运的不同，让他志愿选择并决心将生命奉献给弱者、被压迫者，借着内心鼓舞他的力量帮助他们。

因此，他在伊西勒布林诺市开始漫长的灵修和哲学学习。1946 年在丽雪市，他致力于为最可怜最贫困的人们服务而并不投身于宗教评论。自那时起，他从未想着把自己的地位摆到台前，而是想通过自己的努力，穷尽一生来见证自己的信仰。

同年，他定居在巴黎十三区（自那以后成为巴黎中国区）木兰德拉普万特街 27 号，做一点给明信片烫金的工作。他朝向过道的大门一直是打开的……人们在他家里随意来往聊着天……他的邻居们，无论是谁，都是他的朋友，甚至包括刚出狱的人。

1953 年，他移居到离意大利大街很近的地方。

远离他的贵族生活，处在那些通常被遗弃的人当中，这种简朴的生活将让带入生命中一切冒险奇遇。包括 1949—1962 年在巴黎，1964—1968 年在巴西（其间，让得知父亲于 1967 年去世），1969—1976 年在香港，1976 年之后一直留在中国。

让每次职业转行都是为了自食其力。他做过渔夫、电视装配工（他装配的第一台电视给了他的母亲），学习葡萄牙语、粤语、普通话（通过学习他已经知晓德语），在他 80 多岁时使用电脑和网络。他利用每次转变来丰富发现，参与到巴西非暴力活动中或遍览他从巴西回来时还不了解的美国。这些发现，不断的学习绝非表面现象：除了学会不同的语言，他还跟不同国家的人建立了深厚的友谊，投身新的文化并努力谦虚地体会其中所有的奥妙。这让他带着自己习惯性的要求进行各种准备工作，或者精心准备会面、旅行、商谈、学习的主题等，总之一切为了他要帮助的人们。在中国，他通过医学研究的博士论文赢得友谊以及众多著名医生的认可，其中有居依·德·雷教授。在另一方面，他成功地将40多名中国年轻人送到法国或其他国家去学习语言和医学，给他们提供住所并给予资助。

让把艰辛的一生投入到奋斗中，为了争取让每人都成为有尊严的人。他在巴黎开始了人生中的首次战斗，有时很残酷，对他和其他人的要求都是一样的，既无宽容也无妥协。2015年11月28日在他的故居巴黎十三区举行的纪念仪式上，很令人震惊地看到60多年前在那里衍生的如此多的恒久的友谊，这友谊扎根于共同的战斗，让到西安后还一直经营着这些友谊。因此，格列涅夫·高拉斯至今仍说："让总是关心他人，尤其是对那些没人会注意到的人。这些都是无法忘记的经历。能够接触这样一个人是多么幸运！后来，当我在中国与他重新联系，他讲述中国人民的大爱和道德的方式让我震惊。"

让在去世前的几个星期，已经完全卧床，他为围在床边的人吟唱奥佛涅·德·乔治·巴桑的歌曲：

90 多岁的让在电脑前

这首歌是献给你的，

你，奥佛涅，不做作，

给我四块木头，

在我人生中，寒冷的时候，

你赠我以火，

当庄稼人，

所有人都充满善意，

向我关上大门……

回忆着所有的歌词，他补充到，那个时代的歌曲作者写的歌词都有意思，接近现实生活，如他在巴黎十三区所经历过的。

在这条道路上，他的妹妹贝尔纳黛特一直陪伴着他。贝尔纳黛特在香港学习汉语（这对于她后来为让关于《中国明代地方文官制度》的 1000 页的博士论文录入而言非常有用），在潮湿闷热的船上同穷人一起生活；后到黎巴嫩、叙利亚、阿富汗，她后来在埃及待过一段，学习了阿拉伯语，并过着相似的生活。对让来说，虽相隔甚远，她一生都是让的同路人，他的驿站，他的秘书，他如此亲爱的妹妹，两人一直保持书信往来。

为了保持自由，二人都选择放弃父母的遗产。他们自由选择，面对金钱无上的自由，只想靠着自己的工作过活。

让就这样开始了他的生活，身处于一个与法国历史同呼吸的家庭中，被他所时常想念的兄妹们无尽的爱包围着，编织同法国社会阶层之间触及内心的友谊网以及穿越国界的友谊之网。尽管他永久居住在中国就意味着很难见面，但他一直和所有的朋友保持联系直到他离世的前几天。

1964—1968 年，让在圣保罗度过三年多时光，那是一座庞大的城市，几乎是亚马逊河口的贝伦市的两倍。他在夜校学习了电视工程师课程之后，乘船到阿佛尔。股骨颈的骨折让他在多家医院待过并在那里发现了穷人的信仰。正是在巴西，让接触了医学并在一家医疗生物实验室工作。

经过在巴拿马、美国、加拿大一段长长的汽车之旅后，让最终于 1968 年 8 月从巴西回到法国。卡特琳娜回忆道：

让和她妹妹贝尔纳黛特在波赫卡市父母家

"让回来啦，多么高兴啊！我们已经 5 年没见他啦！他向我们讲述了在巴西的一切……已经开始重新考虑中国……虽然没说，这难道不是自他年轻时起一直都没有离开过他的想法吗？"对让来说，巴西是他在去中国之前的必要阶段，他考虑去中国已经很久了。他的朋友米盖尔·格勒罗说，早在 1964 年就已经和让探讨过这个问题。

　　1969 年 1 月，让动身前往香港，并于 1969 年 3 月 15 日抵达香港，为他想要前往的中国大陆作准备。途中，他非常高兴在印度加尔各答遇到德兰修女。

　　谈及他前往中国的计划，德兰修女用几句朴实的话语鼓励他："种子囤在一起是会腐烂的！"这句话指明了欧洲已受益于许多像他这样的人……

卡特琳娜讲述道："他是在法盟授课时学的中文。他学习中文都 50 岁了！他在那里也交了几个朋友。我和丈夫罗石一起去看他，那是我们第一次认识亚洲……真是一大发现。我们感觉到他接触中国的世界是如此的幸福。他在香港待了 7 年。"他还就读于新亚洲中学，是耶鲁大学的附属机构，在那里学习了几年普通话和中国文化课。

1975 年底，让了解到他可以在中国的大学当老师。在他 57 岁的时候，1976 年 7 月他在北京、大连、青岛、上海旅行时第一次踏上中国的土地。在北京，他受邀参加毛泽东遗体追悼会。可怕的唐山大地震于 7 月 28 日震荡了中国，让为中国人民的痛苦深受触动。1976 年 9 月 21 日，他来到西安外国

让 1969 年刚到香港

语学院并最终在此任教！他一直未离开这座他生活了近 40 年的城市……

又一次大动身却没有如今的电话和网络！但他每年回来首先回波赫卡看望他的母亲。他每次往返于亚洲和法国之间，都选择新的道路。穿过印度、巴基斯坦、阿富汗、伊朗、伊拉克、叙利亚、土耳其或者更甚乘坐西伯利亚大铁路穿越俄罗斯。他甚至还绕道去日本，在广岛见证了原子战争的可怕。

1980 年 10 月，让邀请他的三位兄妹来中国和其他朋友一起参加为期四周的文化之旅。卡特琳娜说道："正是那次，我们发现了'中国'，中国人的生活，全体人民都骑自行车……老城区，乡下的生活……北京，紫禁城，天坛，长城，明十三陵。我们在西安被学院领导、老师们以及认识让的所有人热情地接待。看到他在学生中和朋友中多么幸福。多么美好的记忆……让在飞机脚下与我们道别的画面仍然历历在目……我当时心情不好受。我们把一切都讲给焦急等待我们的母亲听。"

1986 年是对他在汪德迈教授的引导下 10 年努力的认可，他的博士论文答辩在巴黎第七大学举行，出席的有来自中国的郭太初和陆栋两位教授。他的家人也出席了，尤其是他的母亲，与中国世界的接触让她非常激动。

西方人的见证也非常多，如奥利维·罗勒说："他是一位非常了不起的情感和思想的摆渡人，非常强烈地想要拉近东西方的距离，二者相互之间还很欠了解，对我们是很不利的。"还有人说："他在中国的这些年，感动了许许多多的人。"

让在中国的这些年，希望能建立起中法友谊的桥梁，就像他常喜欢说的"两个文化大国"。他对法国文化非常了解，也同样沉浸在中国文化中。在这个曾经如此漫长的历史长河中一直是首都的城市，他建立起很多往来联系，发起很多创意，虽然需要花费很长时间的努力但从不灰心失望。他还想让他的祖国能够更好地把握这些机会。他在他所爱的各国人之间搭建起友谊的桥梁。

让在冬天里的中国

上文讲述他的溯源，他的家庭，他去中国计划的萌生。让年轻时或许就开始考虑过中国，让他高兴的是中国接纳了他，并在30多年后退休之际对他礼遇欢迎。在法国，他的家人明白长久以来对让来说中国是他的第二故乡，他心目中的家在中国，

1986年，让在法国博士论文答辩期间，陆栋和让的母亲

那里有他众多的朋友和浓厚的友谊。他说从中国朋友那里学到了很多，也收获了很多，经常看到在他们当中有甘愿牺牲奉献、关心弱势群体的例子。在他寓所中度过的生命中最后的日子，每天陪伴在他身边的，有时是日夜陪伴，正是他刚到西安时的伙伴以及年轻学生。这难道不是完美的写照吗？让的家人想以这些文字对他们每个人都表达热烈的谢意。

接下来的内容由认识并热爱让的中国人来写，描述一种不同寻常的品格，他持之以恒的韧性，他的智慧，他的作为，他融洽的人际关系网，他为帮助那些和他一起生活的人的忘我牺牲……

每位认识让的人心中都会铭记他的面容，坚定的目光，充满生气活力。同样，他的笑容或他激动人心的文字因其右手的舞动疾书或食指坚定的向前指向远方而充满生气活力！马青回忆起让说道："让不自诩，却很有说服力，让朴实谦逊，却对人类充满了怜悯和爱。他的精神异乎寻常地清晰，然而又简单易懂，包括他的勇气以及他一生的牺牲奉献。"

究竟是什么令他一生如此活着，总是远离自己的根基，什么滋养着他如此牢固而又众多的友谊，他对每个人的关心，人格的力量跨越一切障碍。不论是谁，他对靠近他身边的人的真情实感一直都是个谜……自己像穷人一样生活并"为那些需要爱的人服务"。

通过这些文字人们能够看到他整个人生，不是吗？

让刚到西安

让在中国阅读

让的笑容

让·德·米里拜尔大事记

1919 年 8 月 5 日

　　生于巴黎

1929—1937 年

　　在巴黎念中学（分别在蒙田中学和路易大帝中学就读）

1939 年

　　在格勒诺布尔获历史学士学位

1940 年 4 月

　　让入伍

1940 年 9 月

　　被派往青年团第九组

1942 年 9 月

　　复员并继续学业

1946 年 7 月至 1960 年

　　在巴黎十三区担任神父和工人

1960 年

　　决定为法国以外的地区服务并在蒙特尔成为电视装配工

1961 年

　　在 N.D. des Champs 实习，后在 Courbevoie 的 Oceani 实习

1964 年

　　前往巴西（让在去往巴西的货轮上学习了葡萄牙语）

1964—1967 年

　　在巴西圣保罗

1967 年 12 月 28 日

　　让的父亲去世

1967—1968 年

　　在巴西贝伦（在一家医学生物实验室工作）

1968 年 2—8 月

　　让回程途中长途跋涉去了南美洲、美国和加拿大

1969 年 3 月 15 日

　　通过海路和陆路从欧洲到香港

1969—1976 年

　　让居住在香港（开始学习粤语；在法盟授课；在耶鲁大学附属新亚洲
中学学习）

1976 年 7 月

　　让实现了他第一次中国行（唐山大地震为此行留下深刻印象）

1976 年 9 月

　　让受邀参加毛泽东追悼会

1976 年 9 月 21 日

　　让到西安外国语学院

1980 年 10 月

　　他的三个妹妹、一个弟弟和弟媳到西安看望他，并进行了为期 4 周
的文化之旅

1985 年

　　让退休

1986 年

　　在巴黎第七大学博士论文答辩：《中国明代地方文官制度》，一部
1000 多页的巨著

1987 年 11 月 14 日

　　让的母亲佛朗索瓦丝·德·菲维丽·德·洛赫姆去世

1994 年 5 月 5 日

让在西安从法国驻华大使手中接受法国荣誉勋章

1997 年

陕西为其颁发了中国永久居住证；让决定一直待在中国直到他生命中

最后的日子

2000 年

让最后一次回法国

2013 年 9 月

让决定将遗体捐赠给中国医学事业

2014 年 5 月 10 日

被陕西省评为"陕西好人"

2015 年 1 月

中央文明办向让颁发"中国好人榜"入选纪念证书

2015 年 10 月 10 日

让在西安去世

2015 年 10 月 14 日

西安外国语大学和西安交通大学医学院举行追思仪式

2015 年 10 月 18 日

西安外国语大学决定在新校区为让专辟纪念场所

2015 年 11 月 28 日

在巴黎十三区举行追思让的纪念仪式

（贾宝军　译）

责任编辑：王　萍　阮宏波

封面设计：林芝玉

版式设计：严淑芬

责任校对：吕　飞

图书在版编目（CIP）数据

一个法国老人的中国故事：法籍专家让·德·米里拜尔／邓志辉，王军哲　主编．
　——北京：人民出版社，2016.8

ISBN 978－7－01－016614－8

I.①一…　II.①邓…　②王…　III.①米里拜尔－生平事迹　IV.① K835.655.46

中国版本图书馆 CIP 数据核字（2016）第 196007 号

一个法国老人的中国故事
YIGE FAGUO LAOREN DE ZHONGGUO GUSHI
——法籍专家让·德·米里拜尔

邓志辉　王军哲　主编

人民出版社 出版发行
（100706　北京市东城区隆福寺街 99 号）

北京新华印刷有限公司印刷　新华书店经销

2016 年 8 月第 1 版　2016 年 8 月北京第 1 次印刷
开本：710 毫米 ×1000 毫米 1/16　印张：13.5
字数：130 千字

ISBN 978－7－01－016614－8　定价：56.00 元

邮购地址 100706　北京市东城区隆福寺街 99 号
人民东方图书销售中心　电话：（010）65250042　65289539